荣誉殿堂

——北京奥运中国冠军的故事❸

顾　问：张晓明
主　编：宁　丰
副主编：吴京辉　杨玉成
编　委：（按姓氏笔划为序）
王　政　宁　丰　刘旦亮　杨玉成
吴京辉　吴冠兰　吴恒兴　陈　勇
张晓明　张毓华　蒋　杰　曾辉明
臧维仪

中国社会出版社

图书在版编目（CIP）数据

荣誉殿堂：北京奥运中国冠军的故事．3/宁丰主编．
—北京：中国社会出版社，2009.5

ISBN 978－7－5087－2641－0

Ⅰ．荣…　Ⅱ．宁…　Ⅲ．奥运会—冠军—生平事迹—世界
Ⅳ．K815.47

中国版本图书馆 CIP 数据核字（2009）第 069128 号

书　　名：荣誉殿堂：北京奥运中国冠军的故事．3
主　　编：宁　丰
责任编辑：孙武斌

出版发行：中国社会出版社　　邮政编码：100032
通联方法：北京市西城区二龙路甲 33 号新龙大厦
电话：（010）66080300　（010）66083600
（010）66085300　（010）66063678
邮购部：（010）66060275
电传：（010）66051713
网　　址：www.shcbs.com.cn
经　　销：各地新华书店

印　　刷：中国电影出版社印刷厂
开　　本：145mm×210mm　1/32
印　　张：6.125
字　　数：110 千字
版　　次：2009 年 6 月第 1 版
印　　次：2014 年 3 月第 3 次印刷
定　　价：13.00 元

编织梦想
（代序）

有人说，编织梦想和实现梦想是人生的两大主题。那么梦想到底是什么？是虚无飘渺的海市蜃楼，是毫无根基的空中楼阁，还是徒有其表而根本触摸不到的水中月、镜中花？都不是。我觉得，梦想就是一些想法、愿望、憧憬、理想，它本身是一种很美好、很积极的东西。于是，做梦，编织梦想，设计人生，描绘未来，是一件美事，是一件很有意义的事。人总是先有梦想，然后才有将梦想付诸现实的行动。如果把人的一生比作一条河、一棵树，那么梦想就是源、是根，行动是流、是枝。梦想往往对人的一生发挥着决定性的作用。有一句广告词说得好：梦有多大，心有多大，人生的舞台就会有多大。

我从小就爱做梦。20 世纪 60 年代初，我出生在苏北一个叫做“沈灶”的偏僻乡村。这里虽然贫穷落后，但风景优美。村子附近有许多的小河、小池塘，河岸和池塘边长着一片片的芦苇和青草。夏天里，童年的我经常和小伙伴们到芦苇荡里捉迷藏，下河进塘摸鱼抓虾，有时也拿着自制的鱼竿到水边垂钓一番。芦苇和毛草是青青的，水是绿绿的，河里和池塘中的鱼烹调后吃起来很香，甚至刚从水里摸到的虾，立马就可以扒掉皮吃下去。蹲在河岸或池塘边钓鱼的时候，自己会被四周高高的青翠欲滴的芦苇和草丛包围，仿佛置身于绿色的静谧的世界。再看到一些鱼儿在波光闪烁的水面游来游去，心里那份美啊，就甭提了，似乎鱼儿马上就会一直游到我的心里，游到我的梦里。

芦苇和青草，不仅有观赏和审美的价值，更具有实用价值。到了秋季，村里的人们把芦苇砍下来，经晒干处理，编织成柴帘子；把长长的毛草割下来，搓结成草绳，然后，用草绳编织成绳包。这些精美的柴帘子和草绳包，除极少数由自家使用外，绝大多数是卖给公家，销售给县里的日杂公司，赚点钱。县日杂公司再将此卖给各公社和大队。柴帘子用于晾晒各色粮食，绳包用来装储和运输棉花。

记得1971年，我家盖了三间大瓦房，外加一个院子，这在当时的家乡是不多见的。父母平时积蓄有限，盖房子花费又大，我家就欠了一千多元的外债。这些钱，现在看来不算什么，但那时的人们普遍工资低、收入少，所以它就是一笔很大的数额。如何还钱？计将安出？父母为此挖空心思，不知怎么办才好。这笔外债，就像一块大石头一直压在父母的心上。

穷人的孩子早当家。1973年，为了给家里做点贡献，搬去压在父母心头的石头，我向父母提出建议：向左邻右舍学习，搞家庭副业，通过编织绳包和柴帘子赚钱，来还清外债。父母听了我这个主意后，眼睛顿时一亮，但沉思片刻后马上又神情黯淡下来，说："不太可行，你还小，而且爸爸在县医院上班，妈妈也在公社卫生院当勤杂工，没有时间和精力从事这种家庭副业。"眼看我的主意将要落空，我就坚持说："我今年已超过十岁了，不算小，还有两个弟弟可以帮我。你们平时工作忙，就算了，如果星期天有空，就帮帮我。请爸爸重点负责销路，打通日杂公司这个关节。"父母见我执意要干，就说："试试看吧！"

自此，我就开始编织我人生的第一个梦想。

当时刚上初中的我，与两个刚上小学的弟弟，每天放学后，便一人拿一个小板凳，来到自家小院里放好，然后，从屋里拿出父母买来的编织绳包的工具，如包架子、篾扦、竹梭之类，以及原材料草绳等，开始编织草绳包。就这样，三张稚嫩的、不时流出汗水的脸庞相视而笑，三双笨拙的小手由不熟练而日趋娴熟。一梭又一梭，我们聚精会神地编织绳包，编织梦想，编织未来。摆放在身旁的一捆捆草绳，就像我们从池塘里刚钓出来的鲫鱼的鳞一样，泛出醉人的光芒，把我们的梦也染成了迷人的金黄色。由草绳而结成的一个个小绳包，盛着我们的梦，装着我们对未来的希望。

最让我难忘的，是满院子响起的"嚓嚓"的穿梭声音。它是那么的动人，悦耳，像贝多芬的交响乐，又像"大珠小珠落玉盘"——这是天使叩开梦想之门的声音。

由于上学，平时我和弟弟们一天也就是织三四个绳包，比较慢，而到了星期天，进度就加快了。记得有一个星期天，我和我二弟展开劳动竞赛，从天刚蒙蒙亮，一直干到夕阳西下，当天每人各织了二十八个绳包。这个成绩是一个新的记录，惊动了四邻。他们为我们哥俩娴熟的技术、不辞劳苦的执著精神所震撼，同时也对其中包含的不薄利润产生羡慕之情。是啊，如果以每个绳包净利润二毛钱计算，我们兄弟俩人共在当天赚了十一块两毛钱。这在当时可是一笔不小的收入。

由于我们的绳包织得越来越多，从附近购入的原材料——草绳就显得有点供不应求。为此，我决定深入邻乡，挨家挨户地收购草绳。记得有一天晚上，已过了吃晚饭的时刻，我一人拖着疲惫的身躯，推着车把前插着秤杆、车后座满载收购而来的草绳的自行车，沿着雨后泥泞而崎岖的乡间小道，急匆匆地往家赶。当走到村头的池塘边时，我借着朦胧的月光，依稀看到正在焦急等待我的母亲。当确认是我后，母亲马上过来接过我手中的自行车，然后久久凝望着我，抚摸着我的脸庞，潸然泪下。

功夫不负苦心人。我们以编织绳包为主，以编压柴帘子为辅，经过两年的不懈努力，不仅还清了所有的外债，还略有盈余。我的梦想成真了，辛苦没有白费。是啊，现在回想起来，当时确实很辛苦，白天上学，晚上做完作业就是编织绳包和编压柴帘。但是，我始终没有觉得苦，反而是整天乐呵呵的，总感到浑身上下有一股使不完的劲，总感到一切充满生机，心里特别自信、踏实和幸福。原因何在？大概是心中怀揣着一个对未来的冀望和梦想。梦想，激励着我，支撑着我。

用简单的草绳、芦苇，我编织成了人生的第一个梦想。我尝到了做梦的甜头。从此以后，我一发不可收拾，做了许许多多、大大小小的梦。这些梦，引领我的人生之路，一直走到今天。

我会做梦，但相比我们伟大祖国和本书中的北京奥运金牌选手，这些梦都是“小儿科”，不值一提。

伟大的中华民族，我为您骄傲。百年奥运梦，神七飞天梦，这些惊天大梦，都已通过国人的共同努力而实现了。今后，中国人将继续在中华大地和那广阔无垠的宇宙，织编一个又一个神奇的梦想。

本书所记述的我国2008年北京夏季奥运会金牌选手，都是做梦的高手、实现梦想的强者，是我们大家学习的榜样。其中，无论是男人还是女人，无论是中国人还是外国人，无论是宿将明星还是新人新秀，无论是天赋高的还是天赋低的，都毫无例外地做过奥运金牌梦。正是这些，为各自国家和各自人生增光添彩的七彩梦，带给了他们无限的力量、无穷的智慧和勇气，激发了他们的巨大潜力，促使他们跑得更快、跳得更高、举得更重、射得更准、打得更狠、游得更快。为了圆梦，为了好梦成真，他们历尽艰辛，饱尝折磨，耐住了寂寞，忍住了清贫，拒绝了诱惑，不怕默默无闻，不畏长久等待，不惧伤痛困扰，一心去追梦，去超越梦。一次次纪录的刷新，就是一次次梦想的实现。如果说奥运金牌本身是一个运动员价值的体现，是昂贵的，那么，奥运金牌梦以及为实现这个梦想所铸就的精神，就更昂贵，或者说，是永远无价的。

积极的梦想，只有大小之分，而并无贵贱之别，它的社会价值、经济价值和文化价值，都是无法准确计算的。愿普天下的所有想获得成功的人，都敢于编织各种各样的、源于现实而高于现实的梦想，更要甘于为实现这些梦想而付出！当然，如果最终并未如愿以偿，也不要气馁，不要沮丧，还要以一个平常心坦然面对。只要你曾经梦想过，付出过，这就足够了，就可以问心无愧，笑对人生！

是为序。

宁　丰

2008年国庆于北京

目　　录

郭晶晶

——跳水女子双人3米跳板、个人3米跳板冠军 …… 1

吴敏霞

——跳水女子双人3米跳板 …… 17

林跃/火亮

——跳水男子双人10米跳台冠军 …… 30

王　鑫

——跳水女子双人10米跳台冠军 …… 44

陈若琳

——跳水女子双人10米跳台冠军、个人10米跳台冠军 …… 51

王　峰

——跳水男子双人3米跳板冠军 …… 61

秦　凯

——跳水男子双人3米跳板冠军 …… 69

何　冲

——跳水男子3米跳板冠军 …… 74

庞　伟
——射击男子10米气手枪冠军 …………………… 86
郭文珺
——射击女子10米气手枪冠军 …………………… 96
陈　颖
——射击女子25米手枪冠军 ……………………… 104
杜　丽
——射击女子50米步枪三姿冠军 ………………… 116
邱　健
——射击男子50米步枪三姿冠军 ………………… 126
刘子歌
——游泳女子200米蝶泳冠军 …………………… 131
仲　满
——击剑男子个人冠军 …………………………… 145
张娟娟
——射箭女子个人冠军 …………………………… 155
奚爱华/金紫薇/唐宾/张杨杨
——赛艇女子四人双桨冠军 ……………………… 163

郭晶晶
——跳水女子双人3米跳板、个人3米跳板冠军

身　　高：1.63m

体　　重：49kg

性　　别：女

出生日期：1981年10月15日

籍　　贯：河北保定

四朝元老双冠王　　女子跳水第一人

2008年8月17日，北京奥运会女子个人3米跳板跳水决赛在国家游泳中心“水立方”进行。女子3米跳板将产生本届奥运会首枚跳水单人项目的金牌，也是第五枚跳水金牌，此前中国跳水队已经包揽了四金。

女子3米跳板是中国的传统优势项目，曾涌现了高敏和伏明霞这样的世界级名将，在郭晶晶“接班”后，中国队对该项目的统治已经长达20年之久。在半决赛中，郭晶晶以头名身份晋级，吴敏霞则在第三跳做107B（向前翻腾三周半屈体）时出现失误，因此落后帕卡琳娜38.2分排名第三晋级。决赛中，12位选手共跳5跳。出场顺序根据半决赛成绩倒序出场，这也意味着每轮比赛吴敏霞都在第10

位出场，而郭晶晶则作为压轴。

第一轮比赛，吴敏霞选择是难度系数为 3.0 的 405B（向内翻腾两周半屈体），在漂亮完成后得到了 72.00 分；帕卡琳娜和郭晶晶则都跳的是难度为 3.0 的 205B（向后翻腾两周半屈体），两人都出色完成，并都拿到了 81.00 分。首轮过后，郭晶晶和帕卡琳娜并列首位，吴敏霞暂时与意大利的卡尼奥托和墨西哥选手萨切斯并列第 4，落后澳大利亚选手斯特拉顿 1.5 分。

第二跳，吴敏霞的动作是 5335D（反身翻腾一周半转体两周半），这个动作难度为 2.9。由于腾空时上身有点靠，压水花稍差，这一跳得到了 75.40 分；帕卡琳娜则选择了 3.0 难度的 405B，虽然脚部有点甩，但依靠经验，俄罗斯老将还是基本控制住了水花，最后也得到了 75.00 分；郭晶晶这一跳完成的是与帕卡琳娜同难度系数的 305B（反身翻腾两周半屈体），从起跳到入水，郭晶晶的动作都无可挑剔，也因此得到了 84.00 分的高分。第二轮过后，郭晶晶领先帕卡琳娜 9 分居首。

第三轮，吴敏霞、帕卡琳娜和郭晶晶都选择了难度系数为 3.1 的 107B（向前翻腾三周半屈体），这一动作吴敏霞和郭晶晶在本次比赛的预赛和半决赛中都有比较明显的失误。吴敏霞完成得基本成功，只是入水时略有点过，不过这一跳依然得到了 75.95 分；随后出场的帕卡琳娜无论高度、空中姿态以及水花都要比吴敏霞要好，因此得到了 80.60 分；最后出场的郭晶晶顶住压力，以更完美姿态入水，这一跳得到了 88.35 分。三轮过后，郭晶晶以 253.35 分领先帕卡琳娜 16.75 分继续领跑，吴敏霞则以 223.35 分升至第四位。

第四轮比赛，吴敏霞和帕卡琳娜同样选择了难度 3.0 的 305B（反身翻腾两周半屈体），吴敏霞从走板到入水都极佳，得到了 85.50 分；帕卡琳娜则在踏板有小瑕疵的情况下最后入水控制得很好，因此也拿到了 82.50 分；郭晶晶跳的则是同难度系数的 5152B（向前翻腾两周半转体一周屈体），在入水的时候稍过溅起些许水花，这一跳得到了 76.50 分。本轮过后，郭晶晶领先 10.75 分仍居首位，吴敏霞升到第三，落后帕卡琳娜 10.25 分。

最后一跳，吴敏霞的动作是 3.0 难度的 205B（向后翻腾两周半屈体），她用完美一跳结束了本次比赛，这一跳得到了 81.00 分；帕卡琳娜选择的是相同难度系数的 5152B（向前翻腾两周半转体一周屈体），实际上也就是郭晶晶第四轮选跳的动作，同样完成不错，得到了 79.50 分；最后一个出场的郭晶晶则跳了难度系数 3.0 的 405B（向内翻腾两周半屈体），在出色完成一跳后，以 85.50 的高分完赛。

最后，郭晶晶以总分 415.35 分的高分成功卫冕，为中国代表团赢得第 35 枚金牌，俄罗斯老将帕卡琳娜获得亚军，吴敏霞获得季军。本届奥运会上跳水项目已产生的 5 金全部被中国跳水队收入账下。郭晶晶也因此成为了继美国选手麦克科米克、德国名将克拉默、我国名将高敏和伏明霞之后，第 5 位在奥运会上卫冕女子 3 米跳板冠军的选手；并以在奥运会上夺得 4 金 2 银的成绩超越伏明霞的 4 金 1 银成为女子跳水“第一人”。这块金牌同时使得中国跳水队延续了在女子 3 米跳板项目上自 1988 年以来从未让金牌旁落的纪录。

一、火车头上练成的冠军心理素质

人们都说保定姑娘郭晶晶笑得很好看，其实她不笑的时候挺多，冷冷地走板、腾空、压水花简直让对手绝望，冷面美人心理素质太好了。所以与郭晶晶同一时代的跳水运动员常抱怨自己命运“悲惨”，偏偏碰上了郭晶晶。据说郭晶晶的这个冷面心理素质是在火车头上开始练成的，这还得感谢郭晶晶的父亲。

郭父是保定的一个火车司机。那时候火车司机有个忌讳：不能让女人上火车头。这和足球队不喜欢女性上球队大巴是一个道理，是行业潜规则。郭晶晶从小很想上火车头去看看风景，小女孩好奇缠着要上车头，郭爸爸爱女心切，想了一辙，把晶晶的头发剪成小男孩式，再戴一顶帽子，有一天就把她带上火车头……这可不是小事，要是被其他司机发现那动静就闹大了，所以她得装扮成小男孩。于是郭晶晶小小年纪就上演了一出“铁道游击队”，或者铁路上的《无间道》，面无表情，心如止水，遇到巡查绝不心惊肉跳，就这样打下了奥运冠军坚实的心理素质。

细心的人会想得起亚特兰大奥运会上郭晶晶还是一款小男孩头，虽然那时的她没得冠军，但那份定力已让人看出前途不可限量。

二、少年天才胆子最小

郭晶晶是现任河北跳水队主教练李芳的第一批队员。

李芳清楚地记得郭晶晶的跳水生涯是从学游泳开始的。与一些优秀跳水运动员曾学过体操不同，郭晶晶在接触跳水之前没有进行过任何体育训练。跳水运动是一项需要胆量的运动，站在10米高的跳台上，一般人别说做动作，光是往下一看就会头晕。

偏偏郭晶晶在同一批孩子中胆子最小，于是每次跳水都得教练连哄带吓才肯跳，跳的时候还是泪流满面。郭晶晶的父母心疼独生女，也曾想不让她练了。但李芳发现她虽然胆子小，但身体素质、爆发力及跳水意识、理解能力都很突出。于是，李芳就多次到她家里做家长工作，叫他们别灰心，慢慢来。

一开始，郭晶晶的膝盖到脚尖伸不直，腿特别硬。为了拉韧带，教练就让她坐“老虎凳”。一次练习，郭晶晶腿骨摔裂，按理该回家休养。但李芳怕晶晶回去“心散了”，她说郭晶晶性格外向，训练不专心，需要不断提醒。因此，李芳让郭晶晶在游泳馆吃住，边养伤边观察别人训练，主要是把心收拢。那一个多月，郭晶晶没事，就照李芳的提议练钢笔字，把心静下来。郭晶晶的钢笔字写得很端正，大约得益于此。

即使在游泳馆养伤，郭晶晶晚上照样做作业。她边学习边训练，每天都能完成作业。

在训练中，李芳每天都要给她“开小灶”，用多种方法训练她的胆量，渐渐地，郭晶晶对跳水感兴趣了，李芳这才开始教她跳水，练基本功。在两个人的努力下，郭晶晶从不会游泳到成为健将只用了短短4年时间。

读完小学五年级后，郭晶晶就基本上跟着李芳训练了，1992年成为专业运动员。在李芳眼里，郭晶晶很好强，独立性也强，六七岁的郭晶晶冬天到游泳馆自己脱棉袄，还要求速度快。除了偶尔发烧，她几乎天天训练。若哪天没来，李芳心里也发空，不知道该训练谁好。

1993年初，不到12岁的郭晶晶进了国家队，跟着著名跳水教练于芬训练。

在李芳的手下，郭晶晶边哭边练。到了于芬那里，也是边哭边练。提到郭晶晶，于芬对她评价很高："和教练很配合，对她压得很紧，她也能承受。哭着也是练，一边哭也要一边练。"郭晶晶十二三岁的时候，于芬就让她跳107。在于芬的博客上，还有一段录像，画面里郭晶晶一边练一边哭。

三、伏明霞时代：受伤蛰伏

1996年在登上飞往亚特兰大的飞机时，郭晶晶绝对不会想到，从此开始的5年将是她一生中最难熬的时光。

亚特兰大奥运会，中国跳水队进行了换血，两届奥运会女子跳板冠军高敏退役，由于郭晶晶的出现，巴塞罗那奥运会女子跳台冠军伏明霞转向主攻3米板。但出于稳妥考虑，伏明霞兼项女子跳台。比赛中，郭晶晶的动作难度系数是所有选手中最大的。第一次参加如此大赛，又被寄予厚望，15岁的郭晶晶有些不堪重负。"比赛的时候我已经蒙了，根本就不知道自己是怎么跳的。"在这种压力下，郭晶晶出现了失误，最终只获得第五名。伏明霞则囊括了跳板、跳台两枚女子跳水金牌。世界女子跳水进入了"伏明霞时代"。

奥运归来，全力为第八届全运会做准备的郭晶晶在训练中因为一次意外，从跳台上摔下，右腿开放性骨折。据时任中国跳水队副总教练的于芬回忆，当时一名广东队的教练开灯。他准备开右边灯，结果关了左边灯。当时郭晶晶正起跳，在半空中一下看不见，踩歪了，于是骨折。这是一次相当大的打击。在北京看病，按常规处理是要打钢钉，一年后再取出。对于运动员来说，多做手术会影响训练。于是采取保守治疗，打着石膏的郭晶晶回到了河北。

摔坏腿时是1996年12月，第二年10月是全运会。选择保守治疗的郭晶晶，花5个多月时间让腿伤慢慢愈合。等腿好了，离全运会也只有5个月了。十五六岁正是少女的发育期，停止训练的郭晶晶身高长了10厘米，体重到了55公斤，而且腿很细。这对于一个跳水运动员简直是致命的。但郭晶晶没后退，在她的伤初步允许训练后，她执著地开始了恢复训练。

训练是从减肥开始的。当时已是春末时分，天气开始转热，但郭晶晶却穿着密不透风的减肥训练服，忍着右腿传来的阵阵疼痛，跳绳、跑步。那一段时间，在中午时分路过保定燕赵大酒店时，经常可以看到两个穿着厚重衣服跑步的“疯子”，其中一个就是郭晶晶。1997年夏天，在郭晶晶所有训练中是最苦的一段。

全运会预赛，她还是拄着双拐看比赛，石膏还没有取。当时人人都想，还有几个月了，在全运会取得好成绩是不可能的。但是到了全运会，就不一样了。郭晶晶体重减了15斤。腿也练成一条粗一条细。当年的郭晶晶给全场留下很深印象，连裁判长都说，没想到她恢复得这么好。伤愈复出的郭晶晶，拿下3米板亚军。

三年时间，一千多个艰苦的日日夜夜，郭晶晶没有放过一天假，每天都要进行几百次的陆上、水上动作练习。运动量一大，以前受伤的脚腕就会出现炎症，疼痛难忍，但她却没有因此耽误一天的训练，她常常是哭着顶下一堂课来。有时，实在太疼了，就打一针封闭，再接着练。

通过系统训练，郭晶晶信心和能力都有了大幅度的提高。其间，她夺得了1998年世界游泳锦标赛女子3米板亚军，曼谷亚运会3米板冠军，1999年世界杯3米板双人板冠军、单人板第3名。

四、悉尼失金

2000年悉尼奥运会成了中国跳水队两任“一姐”的较量。郭晶晶在预赛、半决赛领先的情况下最终功亏一篑。“赛前的备战特别艰苦，我们提前100多天就到济南，整天宿舍、跳水馆两点一线，最后几乎到了崩溃的边缘。”虽然，拿银牌不能说是失败，但是，四年的拼搏就这样付诸东流，郭晶晶彻底被击溃了。

那天她想到了放弃。与悉尼奥运会比赛结束后伏明霞在新闻发布会上笑逐颜开的表现形成鲜明对比的是郭晶晶那双有些红肿的眼睛。她后来回忆时对记者说：“我记得当时比赛一结束，我有种万念俱灰的感觉，我真的不想再练了！我之前对那块金牌实在是寄予了太多的希望，太想拿了，所以感觉打击特别大。”

在多方的劝解下，更是因为心中那一丝不甘和对于跳水的挚爱，郭晶晶走出了心理的低谷。她说：“那次之后，我调整了很长时间，之后，我成熟了，不是教练要求我练了，而是我自己给自己制定了目标，练得很苦。”

悉尼奥运会之后，伏明霞正式退役，郭晶晶理所当然地成为了中国跳水女队的“当家花旦”。从这时起，郭晶晶与田亮一起成为中国跳水队新一代领军人物，由郭晶晶主打的女子3米板单、双人项目，成为中国跳水队在任何大赛中夺金最有把握的项目。

在2004年雅典奥运会前，据国际泳联统计数据显示，郭晶晶在世锦赛、世界杯、世界大奖赛中赢得的金牌和奖牌数均列世界首位，共有17个世界冠军在握。

站在2001年日本福冈世界锦标赛的冠军领奖台上，郭晶晶哭成了一个泪人。她说：“赛场上最大的敌人是自己，战胜自我，是走向成功的关键！每个运动员都想成为世界冠军，我曾有过很多机会，可惜一次一次都错过了，但今天我没有再留下遗憾。”

就在那个领奖台上，抹去泪水的郭晶晶，斩钉截铁地立下了誓言：“我还有一个梦要圆，那就是奥运冠军的梦。”

五、辉煌初现：圆梦雅典

雅典奥运会前，郭晶晶曾这样说：“如果能够站到奥运会冠军的领奖台上，我可能会哭得跟泪人似的，也可能一滴眼泪都不掉，平静得不得了。”

2004年8月14日，雅典奥运会开赛第一天，郭晶晶与队友吴敏霞合作，力压俄罗斯的伊莲娜/帕卡琳娜，为中国代表团拿到了首枚跳水金牌，也拿到了自己的第一枚奥运会金牌，圆了多年的梦想。郭晶晶果然非常平静，一脸微笑，滴泪未掉。

她笑意盈盈地在新闻发布会上表示：“我们相信自己的

实力，早已下定了必胜的决心。比赛中，没有必要想得太多，只要把每一个动作像平时训练那样发挥出来，不失误，别人就难以超越，冠军就是我们的。”在当晚的总结会上，中国代表团团长、国家体育总局局长袁伟民对郭晶晶/吴敏霞组合的精彩表现予以高度评价：“充满自信，圆满展现了优势项目的风范……”并要求各运动队向她们学习。

12天后，郭晶晶再次微笑着走进了雅典水上综合中心。这一次她要向世界真正证明自己，第三次向奥运会单人跳水金牌发起冲击。她轻松地向观众致意，还上前拍了拍吉祥物“雅典娜”毛茸茸的头，一种舍我其谁的霸气写在她青春的脸上。

比赛开始了，郭晶晶也开始了她的表演。每一次走板、起跳和入水，都完美地诠释了跳水运动深藏的美感与诗意。不过才四跳，郭晶晶已经确立了其他选手难以超越的优势，成为雅典奥运会中国代表团继张怡宁之后，第二位夺得两金的运动员。那一刻，她更是一脸迷人的微笑。

从青涩懵懂到宠辱不惊，也许只有郭晶晶自己知道这淡淡一笑里的辛酸和苦涩。回忆从前，郭晶晶说：“我自己吃过什么样的苦，我自己知道就可以了。我为什么要让世界上所有的人都知道？我只知道，实现梦想的人是快乐的，我想让世界分享我的快乐！”

六、生命中的两男两女

郭晶晶的个人感情生活丰富多彩，在郭晶晶的辉煌冠军之路上，有这么几个人不得不提。

知己田亮：我曾是你的影子

田亮和郭晶晶俩人相识于1992年下半年。当时田亮在河北保定夺得莲花杯邀请赛冠军。一年后，两人一起入选国家队。田亮被分到了吴国村组，有熊倪、兰卫、孙淑伟、王天凌、谭舒萍；而郭晶晶则分到了伏明霞、池斌、熊敏等所在的于芬组。此后两人在国家队一起成长，从无名小卒到领军人物，他们有着共同的经历，包括成功与挫折。

俩人一起进入国家队，从刚开始做大队员的“跟屁虫”，到后来成为队里资历最老的人，多年一直在一起。当年的队友都离队走光了，就剩下他们两个，自然共同话题要多一些。

同乡同队同龄，郭晶晶一度成为田亮的影子，这也给媒体创造了制造绯闻的空间。2002年亚运会上，她举着手机对男子10米台夺冠的田亮一顿猛拍，更让这种猜测升级。但流言蜚语并没有让两人产生距离。在田亮眼里，郭晶晶很率直，跟熟悉的人能聊上半天；也很细腻，有时别人不经意的一个举动，会让她感动半天；而她也会特别在意一些小事，她会记住身边朋友的生日，认真选购生日礼物，如果别人没有认真对待她的生日，她会很不高兴。

而在郭晶晶眼里，性格外向、更多与外界接触的田亮是知心大哥。田亮喜欢摆弄电子产品，郭晶晶使用的这些产品也始终走在队伍的最前端，无论是电脑、手机，还是MP3、音响、游戏机。田亮是跳水队这一批队员中最早在北京买房、买车的人，郭晶晶紧随其后。郭晶晶遇事都和田亮商量，请他出谋划策。在田亮的带领下，两人更是共同开辟了广告的“亮晶晶”时代。

郭晶晶多年来习惯了躲在田亮的光环背后。直到田亮离开国家队，郭晶晶才真正独立、成熟，一个人面对镁光灯下的生活。

对手伏明霞：成就梦想的另一双手

郭、伏二人师出同门，同样大红大紫，两人有很多相似之处。实际上，伏明霞的为人处世方式，在媒体与自我间的高调行走，对体育的坚守与放弃，攻成名就后嫁入豪门，都潜移默化地影响着郭晶晶。伏明霞给了郭晶晶无尽的“伤痛”，但也成为后者绝佳的参照。1993 年，郭晶晶和伏明霞被分配居住在一个宿舍，于芬希望能让听话、被批评时不吭声的郭晶晶，刺激特立独行的伏明霞。

反差很快出现。训练累了，伏明霞会选择比较极端的方式——罢练。而那时的郭晶晶，没成绩，没脾气，自然成为组里早出晚归的标兵。有时练晚了，食堂都关门了，只有自己买点零食，或泡方便面。回房间后还得写训练日记，写完之后就赶紧睡觉。有时郭晶晶在训练中，也会哭鼻子，但她会一边哭一边仍然练习着，让自己忘却不愉快的事。

两人这种有形无形的竞争，让成名已久的伏明霞反感，“做什么事都跟她郭晶晶比，跑步、做操、训练、换衣服什么的。于指导总说我，为什么你没有她这样、那样，都烦死了。我怎么可能什么都跟 14 岁的孩子竞争?”伏明霞曾发出这样的感叹。

这种竞争扩展到生活中，两人之间竟然发生了冷战。这不是郭晶晶想要的，但在国家队这个环境，不竞争就意味着被淘汰。郭晶晶逐步适应了这种环境，成绩开始提高：

1994年全国锦标赛10米台和3米板冠军，1995年城运会1米板、3米板和10米台冠军。

1996年奥运选拔赛，郭晶晶甚至战胜过伏明霞。但在奥运会这个舞台上，15岁初出茅庐的郭晶晶和18岁久经沙场的伏明霞，两人之间注定是一场不对等的较量，没有意外，伏明霞夺冠，郭晶晶第五。随后，伏明霞退役，郭晶晶逐渐成为队里的女一号。

就在郭晶晶憧憬着自己的第一个奥运冠军时，1999年，伏明霞复出了。于是，2000年悉尼奥运会成了郭晶晶的噩梦，尽管她表现出色，但挡不过伏明霞的经验和人气。她输了，输得痛彻心扉。之后，伏明霞结婚生子，在香港浅水湾过着富足的生活，而郭晶晶，也终于在2004年雅典登顶。有趣的是，在对待媒体的关系上，郭晶晶也和伏明霞一样走过一段弯路，所幸，她也适应了这种生活方式。

良师钟少珍：她有时就像我的母亲

2008年，郭晶晶和教练钟少珍携手10年，后者已年届60岁。郭晶晶这样评价钟少珍："她是给我激励最多的人。她有时就像我的母亲，她和我待在一起的时间，比她跟儿子在一起的时间还长。"

1998年，解散了一年多的国家跳水队重新集结队员并开始训练，于芬的弟子郭晶晶转到了钟少珍的手下。作为1974年德黑兰亚运会两枚金牌得主、跳水队最年长的教练，钟少珍早年的执教能力曾不被认可，直到郭晶晶转到了她手上之后，师徒二人才迎来了名扬天下的机会。

从于芬犹如疾风骤雨般的严厉，到钟少珍的和风细雨，教练方式的变化让郭晶晶起初有些找不着北。为此，郭晶晶曾抓狂过，无奈过，情绪来了还和教练顶两句。这一切都被钟少珍当作是青少年成长的逆反期，她还是继续用她那带着广东口音的腔调柔声细气地讲道理。

2000 年悉尼奥运会，郭晶晶单、双人都只收获了银牌，这让她非常受挫。那晚，郭晶晶在奥运村里失踪了，钟少珍急得带着哭音到处喊“郭郭、郭郭”，喊到最后嗓子都哑了。当独自痛哭的郭晶晶在河边被大家发现时，钟少珍含泪紧紧地抱住了弟子，两人抽泣……无语……

从那时起，郭晶晶开始理解了这位教练。郭晶晶回忆说：“她那次只获得 4 银（郭和胡佳每人各获得两银），但她没把表情写在脸上，依然如此敬业。”在跳水馆，钟少珍是少有的几位站着指导队员的教练员，而在郭晶晶受伤的日子里，钟更是给了她无微不至的关怀。

雅典奥运会后，郭晶晶体验了风光，也经历过挫折，钟少珍这时成了她最坚定的支持者。郭晶晶说：“教练对我说，跟自己生气就等于拿别人的错误惩罚自己。有些事外人不了解就算了，我也不解释什么，只要教练和队里理解我就够了！”

七、跳水女皇的时尚秘笈

2004 年雅典奥运会之前，郭晶晶不过是一个长相清秀的优秀跳水运动员。

雅典奥运会后，那个经典烟熏妆造型，是郭晶晶时尚品味的“第一印象”。此后，郭晶晶总能展现出自己身上的时尚信息，她会精心修饰眉形、睫毛、唇彩，会戴别致的耳环，偶尔还只戴一个，会拎名牌包。在各种时尚派对，她的衣着总是很光鲜。也正因为如此，平时在队里，她成了大伙着装的“参考对象”，穿什么、怎么穿，队友们经常请教她。最近在某网站评出的“奥运冠军服饰时尚排行榜”上，郭晶晶位居刘翔之后，高居女运动员之首。跳水队的赞助商李宁公司，在不断改良比赛服的过程中也会征求郭晶晶的意见。

“郭晶晶希望比赛服时尚一点，同时面料不能太薄也不能太厚，太薄的话浸水后容易现出身体，太厚的话又会影响动作的伸展。而她觉得之前的面料太厚了，有点影响她的发挥。她提议将男子泳衣上常用的深色分水槽设计，加入到女子泳衣的设计中来，这非常有意思，也很大胆。”在李宁运动服的设计师眼里，要求甚高的郭晶晶颇具时尚与专业眼光。郭晶晶说她的审美观念一方面来自一些聚会，另一方面来自她经常看的时尚杂志。她说：“这个时代很时尚化，大家都关注这方面的信息，尤其像我们这个年纪的女孩子，更应该了解一点，不能和社会脱节。”

逛街都裹保鲜膜

郭晶晶身高1.62米，体重48公斤。一提到减肥，她就有说不完的话：“记得以前刚开始跳水时，教练说跳水是需要美感的。那个时候看老队员减肥，我也就跟着一起减。在大太阳下穿着小短裤跑步，然后不吃饭，晚上再去训练。我当时自己觉得挺神的，不用吃饭训练照样有力气。后来有一段时间真减了，都着魔了，即使是逛街身上都要缠上保鲜膜。不过长期使用这种方法对体质和健康是有影响的，不是人人都可以这样。”

一定要管住自己的嘴

保鲜膜的方法用了一段时间，到 20 岁效果就不明显了。后来也就不管那些了，想怎么样就怎么样吧。就连郭晶晶自己都没有想到，当她不再减肥时，她的体重却意外地得到控制："我也不知道怎么回事，后来一想，好像是管住自己的嘴起到了作用。如果说秘诀就是不吃，真的什么都别吃，准能减肥。当然，这只是对我最有效的方法啊。我不吃对训练没有任何影响，别人就不知道了，不知道体力是否能跟上。"

最爱西红柿炒鸡蛋和羊肉串

减肥靠不吃饭，这对很多人来说终究是个笑谈，郭晶晶却有自己独特的食谱。

郭晶晶比较喜欢吃蔬菜，"没什么忌口，什么都吃，蔬菜大概会占到每一餐的一半分量。最喜欢吃的是黄瓜，总局饭厅自助餐里的西红柿炒鸡蛋，都很喜欢吃。偶尔也吃肉的，但不太吃羊肉。确切地说，只是不吃煮的羊肉，烤羊肉串还是相当喜欢吃的。"

美容秘方：深层保湿精华液＋保湿活肤霜

尽管几乎是天天和水打交道，但郭晶晶和其他很多女孩一样，也会受到皮肤干燥问题的困扰："我很注意保湿，因为平时练习经常接触泳池水，皮肤会变得十分干，所以在日常皮肤护理上，我会用深层保湿精华液和保湿活肤霜；只需清洁面部后，涂上这两款产品已足够滋润，可实时补充皮肤水分，皮肤的干燥情况真的改善了很多。说到底，最要紧的是简便，最怕涂太多护肤品在脸上。"

吴敏霞

——跳水女子双人 3 米跳板

身　　高：1.65m

体　　重：52kg

性　　别：女

出生日期：1985 年 11 月 10 日

籍　　贯：上海

下一站公主　　不甘做绿叶

一、梦幻组合完美夺冠

2008 年 8 月 10 日，北京奥运会第二天，引人瞩目的跳水比赛拉开大幕，素有“梦之队”美誉的中国跳水队开始奥运的征程。

在率先开战的女子双人 3 米跳板决赛中，郭晶晶/吴敏霞联手出击。吴敏霞和郭晶晶的双人 3 米板是中国跳水队最稳定的夺金点之一，近年这对梦幻组合几乎跳遍天下无敌手，如无意外，这枚金牌应是中国跳水队的囊中之物。以两人的能力和经验，奥运赛场上很难有人与她们正面交锋，除非她们自己打败了自己。

果然，从第一跳开始，郭晶晶/吴敏霞便一路领先，最终以 343.50 的总分获得金牌，为中国军团在北京奥运会上获得了宝贵的第四枚金牌，俄罗斯组合帕卡琳娜/波兹尼亚科娃以总分 323.61 分夺银，德国组合迪特·科齐安/海克·菲舍尔获得铜牌，她们的成绩为 318.90 分。

决赛共有 8 对选手参加，两轮规定动作，三轮自选动作。

前两轮动作为难度系数 2.0 的规定动作，澳大利亚组合布里奥妮·科尔和斯特拉顿率先登场，两个运动员完成得整齐如一，这一跳拿到了 52.20 分。郭晶晶/吴敏霞随后闪亮登场，两人配合相当默契，只是同步性稍有不足，但入水水花效果控制得相当好，最后也得到了 52.80 的高分。俄罗斯搭档帕卡琳娜和波兹尼亚科娃的动作整齐划一，走板，起跳，入水都完成得异常出色，裁判一样给出了 52.80 的高分。首轮结束，郭晶晶/吴敏霞、俄罗斯搭档帕卡琳娜/波兹尼亚科娃与美国搭档里滕豪斯/布莱恩特三对选手并列第一。

第二轮，澳大利亚组合布里奥妮·科尔和斯特拉顿的空中翻转在空中打开不够充分，但入水时水花控制得比较好，最后得到了 51.60 分，总分为 103.80 分。郭晶晶/吴敏霞的这个规定动作完成得非常漂亮，两人整齐如一，似乎是一人在进行表演，这个动作用完美无瑕来形容也毫不过分，在全场观众的欢呼声中，裁判给出 57.60 高分，她们以 110.40 的总分暂居榜首。帕卡琳娜和波兹尼亚科娃入水时水花控制十分出色，整套动作整齐划一，裁判给出了 51.00 分。两轮结束，郭晶晶/吴敏霞以 110.40 分暂列第一。

第三轮自选动作，澳大利亚组合布里奥妮·科尔和斯特拉顿是5235B，整套动作配合得十分默契，动作比较整齐，最后得到了68.04分，总成绩达到168.04分。轮到郭晶晶/吴敏霞出场了。中国组合的这个自选动作为405B（向内翻腾两周半），两人发挥十分稳定，入水水花控制得十分漂亮，同步性也是天衣无缝，最后得到了75.60分，三轮总分为186.00，继续稳居榜首。帕卡琳娜和波兹尼亚科娃同样选择了405B的动作，在配合上相当默契，只是空中姿态略显不足，裁判给出了69.30分。三轮结束，郭晶晶/吴敏霞以186.00位列第一，成功扩大了领先优势，帕卡琳娜和波兹尼亚科娃以173.10分升至第二，美国搭档里滕豪斯/布莱恩特名列第三。

第四轮，澳大利亚搭档布里奥妮·科尔和斯特拉顿的动作为向上翻腾两周半屈体，起跳入水表现均不俗，得到了67.50分。郭晶晶/吴敏霞是反身翻腾两周半，两个人的配合无懈可击，打开、入水均恰到好处，裁判打出了81.90分的高分，全场一片欢呼。美国搭档里滕豪斯/布莱恩特最后登场，动作为向前翻腾两周半转体一周，整套动作完成得不错，只是走板稍欠稳定，最后得到了69.30分。四轮战罢，郭晶晶/吴敏霞以267.90分继续高居榜首。随着优势的逐轮递增，此时金牌已经在向郭晶晶和吴敏霞招手了。

最后一轮，澳大利亚搭档布里奥妮·科尔和斯特拉顿的动作为5152B，动作完成得不错，取得了72.00分。郭晶晶/吴敏霞最后一跳动作为向后翻腾两周半，整套动作完成得干净利落，起跳高度十分高，而且整套动作整齐划一，最后取得了75.60分。完美发挥的郭晶晶和吴敏霞最终得分为343.50分，毫无悬念地获得了冠军。帕卡琳娜和波兹尼亚科娃的动作为向上翻腾一周半转体两周半，动作完成得中规中矩，最后裁判给出了76.50分，总分达到323.61分，最终获得银牌，德国组合迪特·科齐安/海克·菲舍尔获铜牌。

继雅典夺魁后，郭晶晶与吴敏霞这对金牌组合再一次傲然登顶，在实现卫冕的同时，两人也成功超越俄罗斯老将帕卡琳娜成为奥运史上获得双人跳水金牌最多的女运动员。

二、霞光万丈

吴敏霞6岁开始练跳水，1994年进入上海跳水队，1998年入选国家队。

在釜山亚运会上，吴敏霞与郭晶晶组合轻松摘取女子3米板双人项目金牌，并以609.15分，获得3米板单人银牌。

2002年的第13届世锦赛，吴敏霞获得单人3米板亚军，双人3米板亚军，团体冠军。同年，她还夺得国际跳水大奖赛加拿大站单人3米板及双人3米板金牌和美国站单人3米板冠军。

2004年，吴敏霞在她的第一届奥运会上和郭晶晶一起夺得了3米板双人冠军，成为中国跳水的又一个奥运冠军，她自己还夺得单人3米板亚军。

雅典奥运会后，吴敏霞曾一度因状态不佳，被撤出了和郭晶晶的金牌组合，但是她通过坚持不懈的训练终于重新回到了第一线。

作为中国跳水未来的领军人物，吴敏霞和郭晶晶搭档出征女子3米板双人项目，几乎包揽所有大赛金牌。

在单人项目上，她多次不敌队友郭晶晶，屈居亚军，因而被媒体戏称为“下一站公主”。但在近两年的世界杯上，她连续两次击败郭晶晶取得该项目金牌，在2006年世界杯女子3米板摘取的金牌是中国在跳水世界杯上的第100枚金牌。

三、“一姐”和“二姐”

在前跳水女皇伏明霞叱咤风云的年代，郭晶晶谨小慎微；现在郭晶晶稳坐“一姐”位置，吴敏霞则处处低调。

22岁的上海姑娘吴敏霞，与26岁的“跳水公主”郭晶晶有着微妙的关系：她们是双人3米跳板的搭档，又是单人3米跳板的对手。赛场上，吴敏霞从不掩饰战胜“郭姐”的渴望；赛场下，吴家和郭家的关系非常融洽。

1996年亚特兰大奥运会，郭晶晶只是伏明霞的“绿叶”，未满15岁的“郭郭”紧张得连转体动作都没完成，只获得10米台第5名。2000年悉尼奥运会之前在海南集训，得知自己只是伏明霞和郭晶晶的替补，15岁的吴敏霞有点失落，但她知道自己需要耐心等待。那次奥运会，伏明霞仍旧是当之无愧的“女王”，郭晶晶也只收获了两枚银牌。

伏明霞退役，郭晶晶这多年的“媳妇”终于熬成了“婆”。距离2001年福冈世锦赛只剩3个月时，郭晶晶开始与吴敏霞搭档女子双人3米板，并在世锦赛上顺利折桂。那之后，她们几乎包揽了所有双人3米板的金牌。2004年雅典奥运会是这对姐妹花默契配合的巅峰。在双人3米板的冠军领奖台上，郭晶晶给了吴敏霞一个吻——这是一个姐姐给妹妹的吻。

雅典奥运会上独得两金，“郭晶晶时代”来临。除了主管教练钟少珍，很少有人再叫郭晶晶“郭郭”，倒是有不少人叫她“郭大牌”。2005 年，郭晶晶的双人跳搭档换成了从跳台改练跳板的李婷，这让状态低迷的吴敏霞一度成为“边缘人”。但是李婷右腿筋骨的伤痛让她退出了竞争，“晶霞组合”在 2007 年重现江湖，并在重组之后，再度横扫了各项比赛的金牌。

双人项目合作无间，但在女子单人 3 米板上，“二姐”吴敏霞从未停止过对“一姐”郭晶晶的挑战。

早在 2004 年的跳水大奖赛珠海站和美国站，吴敏霞就曾两次战胜郭晶晶。到了 2006 年，吴敏霞的势头更加强劲，连续 4 次击败状态低迷的郭晶晶。在 7 月的常熟世界杯上，吴敏霞夺冠，只得了第三名的郭晶晶面露不悦之色。乖巧的吴敏霞当时说了一句很经典的话：“吴敏霞还是吴敏霞，郭晶晶还是郭晶晶，并不能因为我这次赢了就变成了郭晶晶。”

进入奥运年，吴敏霞在年初的跳水世界杯中再次击败郭晶晶，因二度受挫而很不痛快的郭晶晶在新闻发布会上“发飙”惹怒了媒体，成了当时的一个不大不小的新闻。赛后她这样评价吴敏霞的获胜：“她今天跳得特别好，简直神了。她在后面跳比较吃香，按理说后面跳压力更大，但后面跳裁判给分数会比前面好一些。”

在 2008 年 6 月初的世界杯南京站中，郭晶晶失误未能进入决赛，吴敏霞再次夺冠。

北京奥运会后，被外界高度关注的跳水“一姐”郭晶晶的去向扑朔迷离。尽管传言她将功成身退，嫁入豪门，但她自己却表示，希望能继续跳到2012年的伦敦奥运会。若果真如此，“二姐”和“一姐”的争夺与合作还将继续。

四、吴郭两家亲

跳水两姐妹关系密切，吴家和郭家也很有缘分。

2001年8月，吴敏霞的父母、舅舅、表姐一起去北京看望吴敏霞，4个人在国家体育总局训练局附近的一家小饭店吃饭。那天，吴爸爸穿着一件吴敏霞队里发的红色运动衫，运动衫上绣着一面五星红旗。踏进小饭店，眼尖的吴爸爸一眼就看到一个中年男子也穿着一件款式一样的白色运动衫！

两个中年人从运动衫聊起，很快就恍然大悟：那个中年男子正是郭晶晶的爸爸！就这样，吴家和郭家成了好朋友。在上海比赛的时候，吴家做东请郭家聚会。在北京训练的时候，郭晶晶也会邀请吴敏霞到她北京的家里度周末。吴爸爸对记者说：“这几年逢年过节，我们都会和郭家打电话互相问好。”直到现在，吴敏霞和郭晶晶2001年拿到第一块世锦赛金牌的照片，仍旧摆放在吴敏霞家中荣誉柜最醒目的位置。

五、母女比赛留长发

别看吴敏霞白白净净，长得特别秀气，以前的她，可是一个风风火火理着短发的“小男孩”。

可自从吴敏霞与郭晶晶配双人跳后，吴敏霞的父母就要求吴敏霞留长发，为的是和“郭姐”的长发“交相辉映”。吴爸爸说，这是“工作需要”，因为这样看起来比较和谐。所以吴敏霞的发型必须跟着郭姐走，哪怕是剃光头。这不，郭晶晶染了头发，吴敏霞也跟着去染了。

最初的时候，吴敏霞并不愿意留长发，因为嫌洗头发不方便。这一点，其实妈妈的心思同女儿是一样的。但是为了让女儿心甘情愿地留长发，本来是“削头”的妈妈想出一个办法：和女儿比赛，看谁的头发留得长！

这样一来，吴敏霞来了兴趣。吴敏霞每次回上海时，母女俩总要比一比谁的头发长。输给妈妈了，吴敏霞还不服气：“我已经理过两次了，只比你短一点点，否则肯定比你的长。”

六、克服伤病不掉泪

每一个运动员成功的背后都少不了与伤痛斗争的经历，吴敏霞也不例外。10 岁前后，吴敏霞患上了脚气。

别看是练跳水的，她的运动鞋也特别容易坏，往往是鞋底穿了，但表面还完好无损。小孩子不懂，碰到下雨天，水浸湿鞋袜后，没有及时换，就这样，时间一长，脚气出来了。加上她一直训练，到后来，她的脚上都开了十几个口子。那是一段煎熬的日子。她用无创膏包住脚上的伤口继续练。但是，脚趾一用力，伤口就开裂，鲜血渗出来，融在池水里。

为了治好吴敏霞的脚气，父母跑遍了整个上海，最后是用了一剂偏方才搞定。算起来，前前后后差不多有两年。在漫长的治疗过程中，小姑娘居然没哭过一次。

2001年，吴敏霞被借到北京跳水队征战全运会。由于训练时弄伤了髋关节，吴敏霞回上海疗伤一周。回北京那天，父母陪着刚打了封闭针的女儿去虹桥机场。一路上，吴敏霞为了不让父母担心，一直忍着痛，坚持自己拿东西，还和父母有说有笑。等过了安检口，看到父母走后，她一下又变得一瘸一拐了。这一幕，恰巧给无意间转过头来的父亲看到。后来提起此事，吴敏霞说，是为了不让父母担心。

吴敏霞先天性贫血，血色素仅仅10克多一点，10克多对一个搞竞技体育的人来说是远远不够的。吴敏霞胯、髋关节先天性突出，训练量加大以后，胯部会收不回来，这个问题随着年龄增长越来越严重。她的腰、腿到处都有伤。带着一身伤病，吴敏霞一直坚持着训练。

七、调皮女孩学跳水

小时候，吴敏霞很调皮。她身上有一些伤疤，里面都包含了很多小故事：右脸颊上有两排印子，是在幼儿园被小朋友咬的；下巴上一道口子，是在去公园玩的时候被跷跷板磕的……最惊心动魄的一次，应该是爸爸骑摩托车载她上学，不知道什么原因，坐在后座的她，突然整个右脚都卷进了轮子里。勇敢的小吴敏霞当时一滴眼泪都没有掉，只是不停地喊爸爸停车。父亲吴钰明下车后才发现，吴敏霞右脚内侧的皮已经全部翻起，里面的血肉清晰可见。好在那个时候流行穿高帮靴子，才让吴敏霞保住了这只脚，否则，我们在今天的奥运赛场上，可能就看不到这个可爱的姑娘了。

吴敏霞 5 岁那年，小小年纪就有肌肉，身材非常出众，舞蹈班和跳水队同时向她发来邀请，父母为她选了跳水，理由很简单：上海游泳馆离她家更近。那时候吴敏霞的家住在淮海路新乐路，14 平米的小房间，家里就搭了个阁楼，阁楼上睡人，阁楼下吃饭。

6 岁的吴敏霞就决定学跳水了，可谁都没有想到，这一跳就是十几年。十几年风里来雨里去，全家人几乎都在为跳水而忙碌，甚至连周围的亲戚好友，也逐渐加入到这个庞大的“助威团”中。做饭、接送，能帮上忙的，所有人都乐意搭一把手。可吴敏霞也有想放弃的时候。

2000 年悉尼奥运会，15 岁的她未能入选出征奥运的代表团名单。当时她哭了，打电话给父亲，委屈地诉说自己为了参加奥运会练得相当苦，去不成就不想留在国家队了。父亲吴钰明没有过多责怪爱女，只是告诉她，毕竟还年轻，悉尼不去还可以去下届奥运会，晚上睡觉时垫高枕头好好想想吧。第二天，敏霞打来电话，告诉父亲想通了，今后一定要加倍努力，命运是掌握在自己手中的。

吴敏霞平时训练很刻苦。曾经有一次因为是空腹训练，还没下跳板，吴敏霞便开始嚷嚷“好饿好饿”。看到已经结束训练的队友劳丽诗正拿着一盒巧克力吃得津津有味，吴敏霞飞奔而下：“我拿一块，不，两块吧！”说完，抓起巧克力一溜烟跑远了，逗得劳丽诗等小队员哈哈大笑。

八、梦中跳水翻下铺

“阿拉妹妹从小就睡相不好，练了跳水后，更是经常在梦里扑腾，在家里睡觉，翻下床好几次了。可把我们吓坏了。”说起吴敏霞练跳水的趣事，吴爸爸更是滔滔不绝。

大概是吴敏霞8岁的时候，一次跳水队去广西南宁比赛，父亲吴钰明陪同前往。

火车上，心细的父亲知道女儿睡觉不老实，所以，特地让一个大孩子陪着吴敏霞在中铺睡。吴敏霞睡在里面，大孩子睡外面。

车外天色已暗，火车里的灯也关了，大伙儿都纷纷入睡。吴钰明起身看了吴敏霞一眼。也许是太累了，吴敏霞看上去睡得很熟。又撑了一个多小时，吴钰明的上下眼皮也开始不断打架，他坐在走廊的翻椅上，正似睡非睡的时候。突然，听到“咚”的一声，然后便是一阵哭声。

他一下睁开眼睛，看到两排床的中间有一个人。再一看中铺，果然只有一个人了。吴敏霞的哭声，把一车厢的旅客都吵醒了。吴敏霞倒也懂事，伏在爸爸怀里哭了几声，便不哭了。

不知道吴敏霞身体哪一部分先着地。反正，除了脸上有一道红印外，毫发无损。“可见其技术不错!”事后有人这么开玩笑地对吴钰明说。而让吴钰明怎么也想不通的是，外面隔了一个人，睡梦中的女儿是怎么跳下来的？

九、要强的十支草莓铅笔

20世纪90年代，对小女孩来说，“草莓铅笔”绝对具有非常的吸引力。

其实，那只是一种普通的铅笔，只不过笔的顶端套上了塑料小草莓。当时这种铅笔在小学生中非常流行，吴敏霞也很喜欢。小学三年级的时候，有一天她对妈妈说，如果期末考试得了双百分，能否给她买草莓铅笔？“没问题。”妈妈一口应允，“买 10 支。”

后来考试成绩下来，吴敏霞数学 100，语文 98。虽然离双百差了两分，但总成绩排在全班前三位，相当不错。可吴敏霞回家后，一脸不高兴，别说草莓铅笔，就是“铅笔”两个字也没提。看到女儿考了这个成绩，家里还是很开心。妈妈把 10 支草莓铅笔送到吴敏霞面前，吴敏霞摇摇头，执意不要，她说：“下次等我考到双百分时再用。”

回忆起这件事情，妈妈说：“妹妹从小一直是这脾气，说一不二，很要强。她说出的话，从来不会反悔。”

后来随着课程越来越难，吴敏霞再也没有机会拿双百分，所以尽管草莓铅笔就放在写字台上，但她一直没动过，直到后来送了人。

十、孝敬父亲的两条七星香烟

9 岁的时候，吴敏霞第一次出国比赛。那是大阪与上海一次友好城市间的邀请赛。到了大阪的当天晚上，吴敏霞还因为自己独自睡一间房，而吓得大哭一场。

在上海代表团中，吴敏霞是最小的一个。比赛结束回上海前，吴敏霞看到一帮大哥哥大姐姐都在给自己或家人买这买那，她也想给家里买些东西。买什么好呢？

最后，看到一个日本人在抽烟，她突然想起父亲是抽烟的。于是，她拿出队里发的零用金，在免税机场买了两条七星香烟。她当然不会知道，七星是日本最有名的香烟牌子，她的选择标准自然是最漂亮的外包装。

回到上海的家，已是晚上。当吴敏霞从大包里翻腾出两条香烟递到父亲面前时，父亲简直不敢相信自己的眼睛。

“当时很激动，一下子觉得女儿没白养。”10年前的事，像放电影似的在吴钰明脑海里回放，“妹妹真的很懂事，从小就很孝顺。”第二天，他把两条香烟带到单位里，逢人便发，就连不相识的客户也发到了。人家以为是结婚呢，一问才知道，是9岁的女儿从日本带回来的。大家听了都说，还是女儿贴心。

直到现在，吴敏霞每次出国回来，都会给父母和亲戚带一些礼物。但吴钰明说，还是对第一次收到的七星烟印象最深。

林跃/火亮

——跳水男子双人10米跳台冠军

跳水是中国的优势项目，中国跳水队一向被外界视为中国“梦之队”。在郭晶晶、吴敏霞为梦之队夺取北京奥运会的跳水首金后，林跃和火亮这对中国“月亮”组合登场了。

自2006年配对以来，林跃和火亮在国际赛场上还从未让男子双人10米跳台的金牌旁落过。他们动作难度系数高，同步性和压水花都很出色。2006年的世界杯，首次亮相国际大赛的“月亮”组合就夺取了金牌；2007年世锦赛以及2008年世界杯，林跃/火亮都以很大优势成功登顶；在大奖赛和系列赛等国际比赛上更是保持全胜。这次北京奥运会，林跃/火亮无疑也是男子双人10米台项目金牌的最大热门。

“月亮”技压群星　闪耀10米跳台

在2008年8月11日举行的男子双人10米跳台比赛中，决赛每对选手共需完成6个动作，分别为两个规定动作以及4个自选动作。对林跃/火亮来说，他们的最大对手是来自俄罗斯的组合加尔佩林/多布罗斯科克，这对选手以动作优美、发挥稳定见长。决赛只有6跳，其中两个规定动作在分数上很难拉开距离，这意味着，中国组合要想夺取冠军，每一个动作都不容有失。

第一轮规定动作（向后跳水）的比赛，参赛的八对选手难度系数均为2.0。中国组合林跃/火亮首轮第七个登场，在整套动作中两个人起步异常同步，起跳、入水动作完成得十分连贯，入水干净利索，最后得到了接近满分的57.0分。俄罗斯加尔佩林/多布罗斯科克最后一个出场亮相，两人动作完成的得异常优美，最后得到了53.40分。首轮结束，林跃/火亮位列榜首，加尔佩林/多布罗斯科克紧随其后位列第二，来自澳大利亚的组合赫尔姆/纽贝里与另三对组合并列排在第三位。

第二轮的规定动作为向内跳水，英国组合托马斯·戴利/布奥尔德里奇发挥不错得到50.40分，林跃/火亮第二个动作依然完美，起跳、翻腾、入水整套动作一气呵成，得到59.40分，总分到达116.40分。加尔佩林/多布罗斯科克整套动作完成得异常出色，最后得到了56.40分，总分达到了109.80分。林跃/火亮继续位列第一，俄罗斯组合暂列第二。

第三轮自选动作，德国选手萨克莱因和搭档帕·豪斯丁的自选动作为向后翻腾两周半转体一周半，两人入水水花控制得恰到好处，裁判给出了86.70分，总分到达190.86分。林跃/火亮同样做向后翻腾两周半转体一周半的动作，两人配合相当默契，只是同步性稍稍有点不足，略有瑕疵，不过入水压水花效果控制得相当好，最后得到了89.76的高分。加尔佩林/多布罗斯科克压轴出场，做相同的动作，两人发挥十分稳定，入水水花控制的也十分好，同步性也是齐整如一，最后得到了86.70分，三轮结束中国组合以206.16的总分继续盘踞榜首，俄罗斯搭档以196.50仍居第二。

第四轮林跃/火亮的自选动作为407C，两个人的配合几乎完美无缺，无懈可击，起跳、打开、入水均控制的恰当好处，裁判打出了86.40的高分，全场一片欢呼，两人总分已经到高达292.56分，继续领跑。加尔佩林/多布罗斯科克出场，两人配合相当默契，瑕疵只是同步性有点稍显不足，但入水水花效果控制得相当好，最后得到了88.32的高分。四轮战罢，林跃/火亮继续高居榜首，加尔佩林/多布罗斯科克以284.82分名列第二。

第五轮林跃/火亮的自选动作为反身翻腾三周半抱膝，整套动作完成得干净利落，起跳高度十分高，而且整套动作整齐划一，最后取得了86.70分。加尔佩林/多布罗斯科克出场做相同的动作，但却出现了重大失误，最后仅仅得到70.38分。五轮结束，林跃/火亮领先优势已经扩大至26.6分，距离金牌已经只有一步之遥，加尔佩林/多布罗斯科克以355.20的总分位列第二。

最后一轮，德国选手萨·克莱因和搭档帕·豪斯丁选择了5255B的动作，整套动作完成得十分出色，最后得到了96.90分，最终总分得到了450.42分。林跃/火亮最后一跳也是5255B，两个人的配合十分默契，起跳、打开、入水均控制得恰当好处，裁判打出了88.92分的高分，全场一片欢呼，中国组合凭借6轮的稳定发挥，以468.18的高分获得冠军。加尔佩林/多布罗斯科克两人第六跳的发挥十分稳定，入水水花控制得也不错，最后总分得到445.26

分。最后，德国选手萨·克莱因和搭档帕·豪斯丁凭借最后一跳的出色发挥反超俄罗斯组合获得银牌，加尔佩林/多布罗斯科克获得铜牌。

当田亮、胡佳离开中国跳水队后，许多人都提出了这样的问题：2008年北京奥运会上中国的男子10米跳台还能延续辉煌吗？今天，林跃/火亮用完美的表现粉碎了这些质疑，“月亮组合”捍卫了中国跳水梦之队的声誉。

林跃：少年沉稳天赋过人　历尽波折终成正果

身　　高：1.57m

体　　重：52kg

性　　别：男

出生日期：1991年7月24日

籍　　贯：广东潮州

站在北京奥运会的最高领奖台上，“金镶玉”在握，林跃仍然笑得腼腆收敛，甚至颇有点古代仕女“笑不露齿”的味道。这个刚满17岁的英俊少年，从小天赋过人，然而他12年的跳水之路却走得十分曲折，充满艰险。

一、体操打下好基础　跳水总教练慧眼识才

林跃1991年出生在广东潮州一个普通园艺工作者的家里，5岁进入潮州市业余体校从师于许树杰教练学体操。

体操与跳水的基本功是相通的，都注重柔韧性和身体控制能力，三年的体操训练为林跃后来练习跳水打下了良

好的基础。

1999年年初，广东国际跳水培训中心到潮州市选人。还不满8岁的林跃是参加挑选的队员中最小的，但却以出众的素质和优秀的表现被国家跳水队的原总教练、有“跳水之父”之称的徐益明第一个看中，从此走上了通向奥运跳水冠军的道路。

二、从小像个小精灵　总比别人先走一步

从1996年8月到1999年1月，许树杰一直担任林跃的体操教练。在他的严格要求下，林跃打下了扎实的基本功。

许树杰刚到潮州市少儿体校执教时，林跃刚刚5岁，是一群孩子中最小的一个，也因此给许教练留下了深刻印象。虽然现在很多人评述说火亮是“好动型”的，而林跃则是“好静型”的，但许教练说，小时候的林跃可不是这样，他很活泼、开朗，又有点像个小精灵，跟他现在脸上表现出来的内敛与沉静很不一样。

林跃真的是一个很有天分的孩子，他的身体特别轻巧，协调能力强，更重要的是他的脑子灵活，理解能力、接受能力都很好。训练时，别人一个动作，教练可能要教10次才会掌握，但他只需要七八次就足够了。每次教新动作，林跃都是反应最快、学得最好的，他总是可以比别人先走一步。

林跃走上了跳水之路后，许教练更多地是以短信和他联系，彼此关心地问候一下。奥运会之前林跃由于身体发育的问题不在状态，许教练也很担心他，但是又不太敢给他打电话，很怕影响他训练。后来看到他在奥运场上的表现，才放了心，也很开心。

三、懂事听话不放弃　刮台风照练不误

“他不会闹，但是他会哭。”不管是练体操还是练跳水，在训练当中磕磕碰碰、破皮流血的事情很常见，有时候练得很辛苦，动作却还是不能完成，林跃就会很沮丧地哭。教练以为他可能会放弃，可是第二天，小林跃早已忘记昨天的伤痛，又回来继续训练。哪怕是刮台风的日子，林跃都会风雨无阻地去训练。

国家队教练钟少珍对懂事的爱徒林跃是这样评价的：“他的个性比较沉稳，在训练中的悟性比较好，自觉性也很好，是个对自己有很多要求的小孩。”

四、“妈妈，抱我一下”

被广东国际跳水培训中心选上后，才7岁的林跃便一个人离乡背井去练跳水了。因为年纪太小，父母不放心，所以两个月就去看他一次，帮他洗洗衣服，送点日用品。

小林跃见了妈妈，总是没有别的要求，他只会说：“妈妈，我想你抱我一下！”常常惹得妈妈潸然泪下。每次妈妈问他要不要带什么来给他时，他也总是说：“妈妈来了就好，妈妈来了我什么都不要了。”

而回到家里，林跃最喜欢吃妈妈做的潮州菜和家乡的糯米饭、甜粿等小吃，怎么吃也吃不腻。

五、父母卖屋送儿练跳水　辗转进入北京队

2001 年，广东国际跳水培训中心因故停办，林跃的跳水事业面临中断的危险。

在这个关键时刻，望子成龙的父母毅然决定卖掉家里唯一一套住房将儿子送到北京清华大学的跳水训练队自费学习。对于这个平凡的工薪家庭来说，这真是一个不平凡的艰难决定。但林妈妈郑小英说："孩子说他真喜欢练，那我们就得让他有一个发展的空间。儿子选什么，父母就要支持嘛！"

在北京练了几年，林跃的跳水之路又生波折。2005 年大年初五的早上，13 岁的林跃和父母一起来到北京西客站候车室。他们已经买好火车票，准备返回潮州老家了——由于种种原因，他们已经决定放弃在北京的深造。

而此时，北京木樨园体育运动技术学校主管游泳跳水项目的副校长沈立仁正在紧急赶往西客站的路上。听说林跃决定放弃跳水，爱才的沈校长不愿意让这个跳水的好苗子就此"夭折"。

拦截成功了！广东潮州籍的小林跃从此加入了北京队，不久即顺利进入了国家跳水队。

六、奥运倒数 14 天　全队拯救忽然"问题少年"

林跃/火亮在过去一年多未尝败绩，从圈内人到媒体，几乎都认为"月亮组合"就算闭着眼睛也能在水立方为中国军团收获一枚金牌。但其实，赛前林跃忽然出了状况，好不容易才有了起色。所以在北京奥运会上，当他们夺冠登上领奖台时，站在场边的跳水队领队周继红、跳水队的众多教练、队医和心理医生全都哭了。

2008年上半年，一些突如其来的状况，差点影响了两人的奥运之路：正处于生长发育期的林跃身高突然猛长，一下子多了接近10厘米。

对于林跃的发育时间，跳水队领队周继红一度非常担忧，因为跳台比赛中，选手的身高体重需要非常合理地搭配，才可能尽量多地施展能力。用她的话来说，“林跃的能力没有跟上身高的增长，无论是难度还是完成质量都大打折扣，就像是原来的武林高手突然失去了武功，一下子变成了废人。”

林跃的猛然增高使他的身高体重比失衡，影响了和火亮的协调性，并且很快反映在了赛场上。

在世界杯赛上，他在单人比赛中跌出前三。随后的跳水系列赛墨西哥站，他再次出现严重失误，两年来首次失去了双人冠军奖牌。在单人比赛中，他只取得了铜牌，其表现和2007年相比一落千丈。北京奥运会召开两周前，原来发挥稳定的他还是状态不佳，整个一个“问题少年”。

为此国家队不得不启动紧急预案，让火亮代替林跃出战单人比赛。据圈内人介绍，当时林跃、周吕鑫参加10米跳台单人比赛几乎敲定，林跃低迷的状态，令教练和领队相当头疼。更要命的是，林跃/火亮的黄金组合也很有可能要失去威力，这块本认为是手拿把攥的金牌，也变得颇具悬念。

为了林跃，全队上下都在想办法帮助他恢复。在“拯救”林跃的过程中，国家体育总局派出了国家跆拳道、赛艇和短道速滑队的“御用”体能教练王卫星，心理专家也每天为林跃提供心理辅导。

在教练组的帮助下，面对突如其来的困难，年轻的林跃也再一次选择了知难而上。“我一直在努力着，奥运会是我的机会，我要尽全力去比，要争取冠军。”

在奥运会前最后历时 6 周的济南封闭训练中，林跃非常努力，加练加量。回到北京前，他的状态才开始有了点起色。由于这时大名单已经上报，林跃/火亮联手出战北京奥运已无法更改，但后来周继红透露，直到赛前，她都为林跃捏着一把汗。

2008 年 9 月 1 日，笔者与跳水队总领队周继红（左）在澳门访问时合影

上天从来不亏待辛苦耕耘、默默付出的人。赛前格外努力调整状态的林跃终于有所收获，在 8 月 11 日的男子双人 10 米跳台比赛获得了想往已久的金牌。

相信在未来的人生道路上，年轻的林跃也一定能够凭自己坚强的毅力和超群的实力战胜一切困难！

火亮：古怪精灵骨头硬　　两进国家队终站稳

身　　高：1.55m

体　　重：50kg

性　　别：男

出生日期：1989年9月29日

籍　　贯：上海

与沉稳老成的林跃不同，提起不满19岁的火亮，教练们对他的评价往往是“小脑发达”、“古灵精怪”、“像个小猴子”。在父母眼中，宝贝儿子不光调皮好动，还是个“硬骨头”！

一、“这孩子会飞！”

跟林跃一样，火亮也是从体操改练跳水的。

火亮小时候，不仅特别好动，而且动作灵活、协调性好。体操队到幼儿园招小队员的时候，幼儿园老师立刻向教练推荐火亮：“你们来看看，这孩子会飞！”因为那时候电视剧《雪山飞狐》正在热播，淘气的火亮总是在老师和小朋友面前模仿武打动作，有时还能腾空飞起来！

就这样，还在上幼儿园中班的火亮被原上海市南市区少体校选走，练了两年多体操。他的确是练体操的好材料，柔韧性很好，别的孩子压腿压得哇哇哭，他的腿很软根本不用压。

上海跳水队 90%的选手都是从体操队选拔的。火亮小学二年级的时候，跳水队去体操队挑人。第一次选拔的时候，在 11 个孩子里选中了火亮和另一个孩子，观察了一个月，火亮被退回了体操队。当时小火亮还很郁闷：“我这么好，怎么会退回来?”他的体操启蒙教练李秉鹤安慰他：“你的形象、身材和协调性都很好，还是有机会的。”

或许是天意，跳水队第二次选拔的时候，第一次选拔不在的教练史惠国和胡燕又发现了火亮。胡燕觉得这个孩子很灵活，个子很小，眼睛很有神，像个小猴子。就这样，火亮被跳水队留了下来。这只“小猴子”话不多，性格内向，但是很好动，脑子活，运动神经非常发达，跳水学得很快。不到半年，他就 1999 年举行的全国少年比赛中获得了 10 米台亚军。

吴敏霞小时候练跳水的时候，睡梦中经常从床上翻下来，同是上海人的火亮也曾有过从上铺摔下来的经历，不过当时下面正好有桌子接住，没有受伤。但更搞笑的是，他居然浑然不觉继续睡，直到队友把他抱上去。醒来之后，火亮才发现自己有点腰疼！后来跳水队上铺的床边都被挡板特地挡住，以防类似情况再发生。

火亮不光在梦中跳水，每天上床下床也都是空翻！那时候火家住的还是石库门老房子，家里睡的是硬板床，楼下邻居的吊灯总是被火亮震得左摇右晃。万般无奈的邻居只好上来找火家“投诉”：“火亮可以白天跳，晚上别跳行吗?”爸爸火志刚回忆起这段往事，笑得前仰后合。

二、“这小孩真硬!”

火亮练体操的时候就很能吃苦。他的手很小，根本抓不住单杠，练得多了，手上的肉都会翻出来。为了继续练还得涂上镁粉，镁粉嵌进肉里，几天后就会结痂，再过几天就会结茧。可是火亮从来不叫苦，手上流血也要练，邻居看到他伤痕累累的手心，总是忍不住既心疼又赞叹地说：“这小孩真硬!”

“硬骨头”火亮不光能吃苦，他的体质也的确很好。寒冬腊月，在没有暖气的训练房里只穿一条短裤练功，火亮从来不生病。从体操队回家有3站路，火亮都是走回家，回到家里小手小脚都是冰凉的，但是从来没有拉过肚子。

2000年，12岁的火亮进了国家跳水队。刚刚到国家队半年，他在练跳板的时候下巴撞到跳板，缝了七八针，幸好当时反应快，不然可能会伤到脸；几个月后，他又从上10米跳台的楼梯上摔下来，摔在瓷砖上，下巴又缝了十几针，有点发炎，但还是坚持训练；后来，火亮还有过一次脚趾骨折，因此错过了队里的春节大合唱。

火亮不像吴敏霞那样经常给家里打电话，但是每次出国比赛之前他都会打电话给爸妈。如果是伤了病了，火亮就会把手机关掉，等病好了再开机，好了才和父母说一声伤势“已经好了”，也不讲细节，怕父母担心。

火志刚笑称，儿子每年打给家里的电话不超过5个，打电话也不谈跳水，如果父母问他“最近练得怎么样”，他的回答就是简洁的“可以”。出征前，火亮父母对儿子北京奥运会的期望也很简洁：“顺其自然。”

三、发育晚，有灵气

奥运会后火亮将满19岁，但是身体却没有完全开始发育，力量上不去。国家队很着急，特意把火亮送回上海进行全面的身体检查，检查结果是17岁的他才刚刚开始发育。家里和国家队赶紧给他加营养，现在的火亮比两年前看起来大了一圈，技术也比以前更完美了。

提起火亮，国家队教练钟少珍满脸疼爱，因为火亮还是个没长大的孩子："他和一般的小孩不一样，发育比较晚，18岁的他还没有到18岁那种智能，所以他在文化学习上、在写训练日记上很费劲，但是在训练的悟性和灵气中，他是很好的。"

教练史惠国认为火亮到了出成绩的时候："机会都是给有能力的人。火亮和郭晶晶一样，都是天才和勤奋各占50%，如果三分天才七分勤奋，练不到尖子。"

四、倒立直，胆子大

火亮练跳水也属于半路出家，不过，他的体操训练的功底，对他在跳水项目上很大帮助。

1989年出生的火亮长得方头方脑，看来很卡通。小学一年级时，火亮进过一次上海跳水队，当时矮小的他并未给这里的教练留下深刻的印象。后来启蒙教练胡燕发现了火亮身上很多闪光点："火亮倒立非常直。倒立直，就代表着入水以后是直的，其实，从一开始选他我就把所有的问题都想了。"

火亮的胆大，同样是胡燕喜欢的：他跟一般的运动员确实不一样，他身体素质很好，连续的快速小翻跳对他来说特别轻松。练弹网，其他孩子一个直跳都不敢，他就敢一下弹到前边第三个网上。

五、二进国家队

火亮从体操转到跳水队3个月，有一天父亲火志刚突然来了："这孩子能练出来吗？如果不行，那我就带他回去好好读书。"胡燕到现在都还不明白怎么火爸爸当时就会冒出这样一句话。"我回答肯定是世界顶尖选手。可能是女人的第六感觉吧，没想到这一次还说准了。"

2003年底，之前状态奇佳的火亮忽然感觉自己连跳台阶、慢跑都无法承受，无奈只好回到了上海队。随后，启蒙教练胡燕采用"倒退训练法"，每年都定了比较高的标准，但没想到火亮真的都做到了。

2004年，火亮在十运会上夺得铜牌，第二次进入国家队，并逐渐在10米跳台上站稳了脚跟，真正"火"了起来。

王　鑫

——跳水女子双人10米跳台冠军

身　　高：1.40m

体　　重：28kg

性　　别：女

出生日期：1992年8月11日

籍　　贯：湖北武汉

柔美身姿绽放“水立方”　　娇小王鑫摘金庆生

女子跳台项目选手更新之快让人目不暇接。当李婷和劳丽诗的身影还停留在人们记忆中的时候，中国女子双人10米跳台又轮到另外两位小将挑大梁了。

2008年8月11日正好是小将王鑫的16岁生日，而这一天，她和陈若琳将站在10米跳台上向中国跳水“梦之队”在北京奥运会的第三金发起冲击。王鑫和陈若琳两名小将虽然年轻，但自从2007年配对以来，身材娇小、配合默契的她俩已连续在多站世界系列赛、多次国际泳联大奖赛以及今年初的世界杯赛上垄断该项目的金牌，经过国内外大赛锻炼的她们已经能够承担起奥运会夺金的重任了。

一、完胜庆生

女子双人跳台一直是中国跳水的传统优势项目。自从2000年进入奥运会以来，中国队还从未让该项目的金牌旁落过。这次当然也不会例外。王鑫/陈若琳上演了一出“两个人的独角戏”，毫无悬念地站上了最高领奖台。

决赛的头两轮是规定动作的比赛。

第一轮为401B（向内翻腾半周—屈体，难度系数2.0）的规定动作。王鑫和陈若琳排在第五个出场，在她们之前亮相的朝鲜组合丘建熙/金云消获得了53.40分暂列首位。两名中国小将尽管是首次参加奥运会，但是她们顶住了压力，整套动作完成得非常漂亮，以55.80的得分完成了她们在奥运会上的第一跳。首轮结束后王鑫/陈若琳暂列第一，朝鲜组合丘建熙/金云消位列第二，澳大利亚搭档布里奥妮·科尔/梅利莎·吴列第三。

第二轮的比赛王鑫/陈若琳延续了良好的竞技状态，她们所跳的301B，反身翻腾半周—屈体的动作，起跳、打开均十分漂亮，轻盈入水，水花极小，赢得了观众的阵阵喝彩，最后获得了55.20的高分，两轮结束以111.00分的总分进一步巩固了其领先的地位。朝鲜组合丘建熙/金云消仍然位居第二，澳大利亚搭档布里奥妮·科尔/梅利莎·吴仍列第三。

第三轮的比赛开始进行的是没有难度限制的自选动作。第四个登场的墨西哥组合葆拉·埃斯皮诺萨/塔蒂亚娜·奥尔蒂斯以一个难度系数高达3.2的动作赢得了77.76的分数。王鑫/陈若琳的第一个自选动作为107B（向前翻腾三周半一屈体，难度系数 3.0），整套动作完成得非常漂亮，两人的所有动作整齐划一到似乎是一个人在进行表演，堪称完美无瑕。在全场观众的欢呼喝彩声中，裁判打出了 79.20 的高分。三轮结束，中国组合总分已经到达 190.20 分，王鑫/陈若琳进一步扩大了领先优势，澳大利亚组合布里奥妮・科尔/梅利莎・吴上升到了第二位，墨西哥组合葆拉・埃斯皮诺萨/塔蒂亚娜・奥尔蒂斯凭借精彩的一跳上升到第三。

第四轮的比赛已经到了关键时刻，墨西哥组合葆拉・埃斯皮诺萨/塔蒂亚娜 ・奥尔蒂斯第四个出场，整套动作完成得不错，只是入水时水花稍显大了一些。王鑫/陈若琳紧随其后出场，本轮动作为 407C（向内翻腾三周半一抱膝，难度系数 3.2），两人发挥十分稳定，入水水花控制得也十分好，只是同步性略有瑕疵，最后得到了 82.56 分，四轮总分为 272.76 分，遥遥领先于其他选手，这枚金牌几乎已经垂手可得。澳大利亚搭档布里奥妮・科尔/梅利莎・吴排名跃居到第二，墨西哥组合葆拉・埃斯皮诺萨/塔蒂亚娜・奥尔蒂斯仍居第三。

最后一轮的比赛，各个组合都欲做最后一搏，八对组合全部选择了 5253B（向后翻腾两周半转体一周半一屈体，难度系数 3.4）的动作。王鑫和陈若琳两人配合得相当默契，入水压水花效果控制的相当好，得到了 90.78 的高分，最终以 363.54 分的总分获得冠军。紧随其后的是澳大利亚组合布里奥妮・科尔/梅利莎・吴，她们获得亚军，成绩为 335.16 分。墨西哥组合葆拉・埃斯皮诺萨/塔蒂亚娜・奥尔蒂斯以 330.06 分的成绩获得季军。

在 16 岁生日这天收获一块奥运金牌，王鑫当然非常高兴。赛后她说："我就是想得到金牌，希望好运一直跟随着我。这块金牌是我得到的最好的生日礼物。"

二、"鑫"的来历

王鑫来自湖北武汉的一个普通家庭，本来她的名字叫王若雪。8 岁进入清华大学跳水队后。"跳水女皇"伏明霞的教练于芬认为，"若"与"弱"同音，"雪"易化也很脆弱，"若雪"这个名字过于柔弱，于是帮她把名字改成了现在的"王鑫"。三个金字的"鑫"，寄托着教练对这个小女孩多得金牌的希望。

三、开始是练体操的

王鑫站在跳水冠军领奖台上时，很多人都不知道，这个小姑娘跟伏明霞一样，也是练体操出身的。

1998 年 5 月，武汉市少儿体校的体操教练喻传发到北京路幼儿园选秀时，一眼相中了又瘦又小的王鑫。母亲何蕙说："我们对体操也不了解，但是看到王鑫体质不好，希望她练体操能把身体练壮一点。"

王鑫在少儿体校开始了自己的体操生涯。不过，她的体操之路走得并不顺利，常常受伤。2000 年一次训练中，王鑫右臂严重骨折，何蕙心疼女儿，找到喻传发，要打退堂鼓。

喻传发不想浪费这么好的运动苗子，权衡再三，商量着让王鑫去练跳水，"反正都是转"。很快，喻传发安排 7 岁半的王鑫进了体校的跳水队训练。一个误打误撞，换回了一个奥运冠军。

四、改练跳水先学游泳

王鑫还记得，自己以前很怕水，小时候和爸妈一起去游泳池，根本不敢下去，只会守着台阶，在池边玩。

王鑫说："刚练跳水，我依然怕水，教练就在我腰这里绑了一根绳子系起来，看我迟迟不敢下去，她就把我推下去，然后我拼命向岸边划啊划。这样挣扎了5天，我学会了游泳。"

五、父母夜市摆地摊

王鑫的父母是下岗工人。王鑫练跳水每个月的开销，对于这个收入不足千元的下岗工人家庭来说，是个不小的包袱。市少儿体校是寄宿制，一个月只要几百块钱，但是去了清华之后，费用就翻了几番，每个月光学费就要一千多块。

下岗后的王鑫父母只能在夜市摆地摊，"还好王鑫从小就非常懂事，从来不会乱花钱。一般小姑娘伢都爱漂亮，但我们家王鑫，穿的都是旧衣裳，我们给她买，她也不肯要。"

不仅如此，小王鑫每次从少儿体校放假回家，都会跟着爸妈一起摆摊，帮这帮那，一副小当家的模样。

这情形直到她进入天津队后才有所转变，因为她随后不久就迈进了国家队大门。虽然还是个孩子，但王鑫的不屈不挠、柔中带刚的性格让她总是像个"小大人"。

六、八年只回一次家

2000 年，不足 8 岁的王鑫前往清华大学学习跳水，2003 年，她被天津跳水队相中，正式成为一名专业运动员。王鑫格外珍惜这来之不易的机会，此后只在 2005 年十运会后回过一次家。

对此，妈妈何蕙也感到很心酸："没有办法，既然走上了这条路，就只能咬牙坚持到底了。还好，每年过年的时候，我和她爸爸都会去天津看她，给她带点武汉的特产。"

七、父母不敢去北京加油

虽然跟女儿一年几乎只有一次机会见面，但何蕙跟女儿的感情相当好，"我们每天会通电话，或者是发短信，她有什么心事都会跟我讲。"但母女之间从不谈比赛，"谈比赛可能会给王鑫带来压力，所以我们每次只拉家常。"

有意思的是，为了给女儿减压，创造良好的比赛环境，从王鑫开始练习跳水时起，何蕙和王明杰从没去外地现场看过女儿的比赛，"这么多年，我们就看过她一次比赛，那还是 2006 年在洪山体育馆举行的跳水比赛，毕竟是在武汉，亲戚朋友们都想去看看王鑫，所以就去了。"

这次北京奥运会，何蕙和王明杰也是不敢去北京为女儿加油，"我们怕给她压力，在家里看电视也蛮好。"

八、幸运＋实力

尽管近两年来，王鑫和陈若琳这两个小丫头几乎包揽了世锦赛和之后所有国际大奖赛的单人和双人项目金牌，但女子跳台最大的软肋就在于年轻选手的心理素质欠佳。

王鑫曾说，为了专心训练，自己已经两年没见到父母，更多时候是通过电话和他们联系。“就算是奥运会，我也不希望他们来现场，怕他们来了我就跳不好了。”小女孩说。

北京奥运会，主场作战的中国跳水队未雨绸缪，担心现场热烈的气氛影响选手的发挥，早已有针对性地给队员进行了心理辅导，效果非常好。王鑫和陈若琳在比赛时镇定自若，跟“小大人”似的，每一次起跳前，都是很耐心地等到全场观众安静下来，才由陈若琳喊口号，表现得相当老练。赛后王鑫说：“这是我第一次参加奥运会，训练时教练让我们放松。我觉得无论是在国内还是在国外比赛，哪里都一样，关键是要摆正心态。”看来王鑫经过大赛的历练，心理已经渐渐成熟了起来。

教练赵文进曾坦言，目前王鑫的技术不是很完善，要想在北京奥运会上夺冠，需要“很幸运很幸运”。“幸运是需要靠自己的努力艰辛去做的，不是靠自己想就想得出来的。”所幸，幸运和实力最终和王鑫走在了一起。

相同的动作，每天上百次的翻腾，无数次的重复，在这样的过程中，王鑫一点一点长大，在这样的成长过程中，王鑫慢慢地走得越来越高，最终，这个爱笑的姑娘站在了奥运会金牌领奖台上，让世界记住了她的笑容。

陈若琳
——跳水女子双人 10 米跳台冠军、个人 10 米跳台冠军

身　　高：1.55m

体　　重：41kg

性　　别：女

出生日期：1992 年 12 月 12 日

籍　　贯：江苏南通

一战成名好小丫　　独揽两金续辉煌

平静多日的“水立方”跳水赛场在 2008 年 8 月 21 日陷入了死亡般的窒息，随即又爆发出重生后的疯狂！

夺金之势如破竹的中国跳水队在女子个人 10 米跳台决赛中遭遇了前所未有的艰难处境。幸运的是，当晚的主角——不满 16 岁的江苏小姑娘陈若琳，在落后于挑战者赫曼斯的情况下，在一万多名观众紧张目光的注视下，上演完美一跳，最终逆转夺金。

这枚来之不易的金牌意义非凡。它不仅是中国跳水队在北京奥运会上获得的第七金，让“梦之队”的“八金之梦”得以延续；同时，也是重新夺回的连续两届奥运会与中国队失之交臂的女子跳台金牌。为了这一刻，中国跳水

队等了整整12年。

一、沉着冷静完美表现

陈若琳的总分为447.70分，比获得银牌的加拿大名将赫曼斯高出10.65分。另一名中国小将王鑫以429.90分获得铜牌。

中国跳水选手揽取金牌本来没有悬念。但曾获得2003年世锦赛金牌和雅典奥运会第四名的27岁的老将赫曼斯展示出深厚的功力，拒绝让比赛成为中国姑娘的“独舞”，她让这场比赛成为北京奥运会跳水比赛开赛以来最精彩、最扣人心弦的一场较量。

第一跳，预赛和半决赛都名列第一的陈若琳得分最高，得到85.50分，赫曼斯以2.20分之差紧随其后。

第二跳，赫曼斯得分第一，与陈若琳的差距缩小到0.60分。令人紧张！

第三跳，陈若琳得分第一，赫曼斯第三，两人的分差变为4.45分，陈若琳继续领先。

第四跳，赫曼斯反超陈若琳！赫曼斯难度为3.4的307C（反身翻腾三周半抱膝）得到95.20的高分，而陈若琳难度为3.3的207C（向后翻腾三周半抱膝）得到89.10分，总分被赫曼斯反超出1.65分。令人着急！

胜败只在最后一跳！半决赛名列第四、也是倒数第四个出场的赫曼斯状态依旧神勇，得到88.00分的高分，总分达到437.05分。全场观众不禁为她这出色的一跳欢呼鼓掌，随后静静等待着最后一个出场的陈若琳。

陈若琳最后一跳为5253B（向后翻腾两周半转体一周

半屈体），难度比赫曼斯的最后一跳高 0.2。要超越赫曼斯，她必须拿到 90 分以上的高分才行。在巨大的压力之下，身材娇小的陈若琳稳如泰山，面不改色，从容镇定，只见她在高台上调匀呼吸，静立片刻，随后起跳、翻转、像针一样静静地扎入了一池碧水！100.30 分！7 名裁判中有 4 人给出了 10 分！全场比赛唯一一次超过 100 分！全场观众一片惊叹，随即把如惊雷似狂涛般热烈的掌声，献给这位身高仅 1 米 55、体重仅 41 公斤，却在关键时刻镇定自若、完美发挥的中国“小丫”。

“当时真的很紧张，我的得分落后，何况两届奥运会我们都没有拿到这块金牌。”赛后陈若琳说道。

面对陈若琳的完美表现，赫曼斯对结果也没什么遗憾，她说：“我在最后一跳尽力集中精力，并且我跳得很好了。”

但是没人明白，陈若琳在如此紧张的情况下怎么还能跳出全场最高分呢？赛后，陈若琳与教练任少芬、领队周继红拥抱时激动地哭了。这枚金牌，的确寄托着中国跳水人压抑在心底的一种渴望。

中国队的前一块女子跳台金牌还是在 1996 年亚特兰大奥运会上由伏明霞夺得的。但在伏明霞退役后的悉尼奥运会和雅典奥运会上，中国队员只获得银牌，留下了遗憾。今天，陈若琳终于为中国跳水队圆了这个长达 12 年的梦，也让跳水“梦之队”名归实至。

对于那个惊心动魄的最后一跳，陈若琳说：“前四跳后我没有看分数，感觉有点落后。最后一跳前，站在高台上，有点紧张，不过跳下来就放松了。入水后，我有感觉，觉得自己能赢。”

谈到自己整场的表现，她说："我有些紧张，只发挥出了80%的水平。"但是一脸淡定的她又补充说："听领队的，放正心态，跟以前一样的比，放开来跳。"

对于观众们高分贝的加油声，陈若琳说："比赛中，我就按平时训练来跳。加油声没影响我的比赛，我全身心投入比赛，没想那么多。"

二、扎实起步

陈若琳小时候体弱多病。为增强她的体质，4岁那年，爷爷、奶奶把她送到南通市儿童业余体校学跳水。跳水教练高峰见陈若琳生得四肢修长，性格乖巧，便收下了她。陈若琳从此开始了跳水生涯。

那年金秋时节，刚刚开始跳水训练的陈若琳随父母赴上海观看八运会比赛，看到健儿们在空中翻腾、转体的英姿，陈若琳对跳水的兴趣更浓了，她一脸认真地对爸妈说："我一定要练好跳水，长大后为国争光。"

因体质较差，陈若琳对体能训练课比较头疼。爷爷便让她早晨到家附近一所学校的操场跑18圈。每个周日，爷爷都会骑着摩托车到老家看看，他就让陈若琳跟在后面跑，一个来回足有10公里！

这两招还真见效，短短两年时间，陈若琳练就了一副铁脚板，她成了学校晨练场上的小明星，在此锻炼的大人们全被她甩在了身后。

体质增强使陈若琳在训练场上如鱼得水，没过多久，她被选拔到江苏省少体校，成为该校一名短期代培生。

三、苦其心志

陈若琳的父母长期在外地工作，是爷爷和奶奶一把屎一把尿地将她带大的。宝贝孙女第一次离开身边，爷爷、奶奶自然舍不得，但考虑到她的前程，爷爷还是狠狠心，没有让老伴“随大流”，陈若琳也成为唯一没有家长陪训的小孩。

远离亲人的日子是寂寞的。“每次训练结束后，我躺在宿舍里，脑海里就会浮现出与爷爷、奶奶玩耍时的情景。想到这些，我的眼泪总是不由自主地流出来。”陈若琳回忆说。

看到邻居家小孩在父母怀中撒娇，自己的孙女却独在远方，奶奶陈桂英坐不住了，第一个月她竟然去了六趟南京。有奶奶陪伴，陈若琳就像一只快乐的小燕子，脸上洋溢着幸福的微笑。但这样的日子毕竟短暂，奶奶呆上一两天后就得返回南通。每当这时，陈若琳都会死死拽住奶奶的衣角，泪流满面。

有一次，小若琳像往常一样为奶奶送行。走到体校门口时，奶奶不忍心，便回送一程。走了一段路后，若琳又折身送奶奶。整整两小时内，祖孙俩一直在这条小路上徘徊，眼泪掉个不停……

随着时间的推移，陈若琳渐渐适应了新生活，这段经历为她成长奠定了基础。她后来颇有感触地说，远离家人的日子虽然痛苦，但很磨炼人。

四、劳其筋骨

在省少体校期间，教练高峰常常在训练间歇时向队员们讲述世界冠军们笑对伤病的感人故事，这让陈若琳大受启发。她明白了，自己要达到“一览众山小”的境界，必须跨过这道坎。

1999年初夏的一天，陈若琳正进行陆上训练，当她在空中翻腾即将落地时，一位队友不慎和她相碰，猝不及防的陈若琳本能地伸出右手支撑地面，结果造成右肘关节脱臼。当时距离江苏省少儿跳水比赛不足一月。

两周时间过去了，眼见陈若琳的肘伤还未见好，教练高峰难免心急。经验告诉他如果采用自然恢复的手段，陈若琳不仅无望参赛，伤愈后右臂还有可能无法充分伸直。他决定采用非常规恢复手段。这对陈若琳是一次很大的挑战，但强烈的求战欲望还是让她同意了。高峰抓住陈若琳的右臂向外侧拉，她感到了一丝疼痛。高峰的拉力越来越大，阵阵袭来的剧痛终于让陈若琳憋不住了，她声嘶力竭地哭叫起来……

两周后，陈若琳顺利地参加了省少儿跳水赛，并夺得儿童丙组全能第四名。一年后，陈若琳成为江苏省少体校的一名正式队员。

五、攻克难关

在训练中练习新动作时，陈若琳碰到过不少难题。

四年前的一堂训练课，高峰至今仍历历在目。当时，他和陈若琳双双跨进了江苏省队大门。这一天，陈若琳训练时突然没了感觉，整个下午练习107B（向前翻腾三周半屈体）时，没有一个动作能做得到位。看到爱徒一副无精打采的样子，高峰火了：“你是不是走魂了？今天练不好这个动作，别想走！”

陈若琳被训得掉下眼泪，她一边哭，一边登上了高高的跳台……两个小时过去了，陈若琳练了近 20 次仍没有成效。

冷静下来的高峰没有再发火，他耐心地讲解动作要领，并喊来队员为她鼓劲。恩师的点拨和队员的助威，使陈若琳平添一股力量，她的思维清晰了许多，动作也一次比一次到位。当陈若琳在 10 米高空漂亮地完成了翻腾三周半后扎进水中时，高峰禁不住大声喝彩：“好，太漂亮了！”看到自己终于攻克了这一难关，陈若琳舒心地笑了。

由于多年扎实训练，使陈若琳在国内比赛上收获颇丰。2003 年，她在全国少儿跳水赛上独揽三金；2004 年，还不满 12 岁的陈若琳出席了全国跳水锦标赛，面对李婷、劳丽诗等诸多名将，她毫不怯阵，勇夺 10 米跳台第五名。

陈若琳的出色表现引起了中国跳水队掌门人周继红的关注。年底，小小年纪的她就成为了一名国家队队员。短短三年时间，她实现了从一名省体校选手到一名国手的巨大飞跃！

六、走向世界

国家队里高手如云，仅女子跳台组选手就达到两位数，陈若琳到国家队后一点也不显眼。由于实力、伤病等原因，2007 年她没有获得一次国际比赛的机会。

看到队友们在国际大奖赛上摘金归来，陈若琳很是羡慕。为了赶超她们，2007 年冬训陈若琳练得很苦，她知道，距离梦想已不远，只有超越自己，才能圆梦。

机会总是偏爱有准备的人。新年刚过，国家队公布了 2008 年前两站国际大奖赛参赛名单，陈若琳榜上有名！

首次走出国门的陈若琳着实令国际跳水界为之一惊：澳大利亚站大奖赛，13 岁的她和队友蒋李双击败了包括奥运会冠军纽贝里在内的所有强手，摘取双人 10 米跳台金牌。半个月后的德国站，陈若琳和队友再度折桂。

然而，奇迹才刚刚开始。

4 月下旬，陈若琳出席了中国站大奖赛，搭档改成了贾童，最终金牌仍没有逃出陈若琳手心。她俩马不停蹄地参加了加拿大、美国两站大奖赛，均携金牌而归。短短半年间，陈若琳在该项目独保不败，一跃成为最耀眼的女子双人跳台明星。

奇迹仍在继续。

7 月 21 日晚 8 时，柔和的灯光沐浴着江苏省常熟市体育中心游泳馆，环绕着一池碧水的看台上坐满了观众。10 分钟后，世界杯跳水赛女子双人 10 米跳台决赛将拉开帷幕。此前决出的五枚金牌均落入中国队囊中，中国队还能夺得这个双人项目的金牌吗？看看人高马大的欧美选手，再看看两位身材娇小的中国小将，观众们无不捏着一把汗。陈若琳和同伴贾童倒显得很镇静，正所谓“艺高人胆大，胆大艺更高”。前两轮规定动作，她俩就领先对手 10 多分。后两轮自选动作，她俩一气呵成，均完成得干净利落，将领先优势扩大到 40 多分。这意味着，最后一跳只要不出现失误，冠军即可到手。关键时刻，陈若琳表现出远远超过其年龄的沉稳，起跳、翻腾、转体，陈若琳和同伴如一对紫燕在高空腾飞，最后以一个完美无缺的结束动作扎入水中，碧池几乎未泛起水花。“87.70分！”裁判们又亮出一个高分。陈若琳和贾童以无可争议的优势问鼎冠军。

面对鲜花和掌声，陈若琳没有沾沾自喜，满脸稚气的她坦然地透露出自己的目标：“夺取北京奥运会金牌！”

七、不知生父重病

站在奥运冠军领奖台上的陈若琳，怎么也想不到自己的父亲成勇金一直饱受疾病的折磨。

在陈若琳还很小的时候，父母便离婚了，她被过继给了外婆陈桂英的儿子和媳妇。但生父成勇金一直挂念着亲生女儿。

2008年初，成勇金被确诊为急性肾衰竭、肾周炎，病情很严重，不止一次被下了“病危通知书”。成勇金病重时，曾不止一次暗暗流泪，担心见不上孩子最后一面。但是，为了不影响陈若琳比赛，他一直对陈若琳隐瞒着病情。每次父女俩通话时，他都会告诉若琳“我很好”。

八、为拿冠军一年没吃晚饭

在夺得双人10米台冠军后，奶奶陈桂英在电视机旁看到孙女夺冠，擦着眼泪心疼地说：“金牌有了！若琳一年没吃零食和晚饭，练得那么苦，总算有了回报。”

为了在北京奥运会上圆梦，陈若琳有将近一年的时间都不得不忍受着减肥的痛苦。10米台项目对运动员入水的效果要求很高，因此体重大的运动员劣势很明显。陈若琳正值身体发育的高峰期，要想保持好身材和状态，就必须控制好体重，同时，陈若琳每天都要进行大量的训练。连一向不轻易表扬队员的周继红都说："她是一个非常肯练的孩子，每天都练得最晚，这一点真不容易。"

为了更好地控制体重，陈若琳对自己采取了近乎残忍的方法：不吃晚饭。"我已经一年多不吃零食和晚饭了。"陈若琳说，"晚上的时候，他们去吃饭，我就回房间看电视，饿得不行了就睡觉。没办法，坚持呗！"不过，陈若琳却不以此为苦，她表示一定要实现在水立方的金牌之梦，"在拿了金牌后，我会好好地犒劳一下自己的！"

九、爱读故事爱唱歌

到底还是个孩子。陈若琳最喜欢看《故事会》，每次坐飞机，这本书是她的首选读物。她也会把《猫和老鼠》的碟片带在身边，只要训练一结束，就和王鑫跑回房间看动画片。好看的故事和有趣的情节，会让她忘记不能吃零食的烦恼。

与不少"90后"一样，陈若琳最爱唱周杰伦的歌。平时没时间去唱卡拉OK，她就在屋子里唱，《菊花台》、《千里之外》她都会唱。

王　峰

——跳水男子双人3米跳板冠军

身　　高：1.70m

体　　重：67kg

性　　别：男

出生日期：1979年4月17日

籍　　贯：山东新泰

跳水生涯不平坦　二度征奥终圆梦

在男子3米双人板决赛中，中国王牌“秦王”组合王峰与秦凯发挥稳定，毫无悬念地夺回了这枚男子双人板的金牌，两人从第一轮开始便稳居第一，每一轮动作均发挥得十分稳定。

决赛每对选手共需完成6组动作，分别为2组规定动作以及4组自选动作。第一轮规定动作中国组合王峰/秦凯第五个登场，在201B动作中两个人起步异常同步，水花控制得好，走板、起跳、入水动作完成的十分连贯，最后得到了57.60分。首轮结束，王峰/秦凯列榜首。

第二轮王峰/秦凯登场，在101B（向前翻腾半周—屈体）的动作中，整套动作完成的质量非常高，两人从起跳到入水配合得天衣无缝，裁判打出了55.80分。两轮过后，王峰/秦凯以 113.40 分继续盘踞榜首，萨乌丁组合以 106.80 分仍列第二，德斯帕蒂和米兰达居第三。

第三轮王峰/秦凯第一组自选动作为 107B（向前翻腾三周半—屈体），难度系数为 3.1，两人起跳高，直插入水，水花极小，最后得到 83.70 分的高分。三轮结束，王峰/秦凯以 197.10 分扩大了领先优势，萨乌丁和库纳科夫以 186.90 分列第二。

第四轮王峰/秦凯选择了 5154B（向前翻腾两周半转体两周—屈体）的动作，整套动作完成得十分出色，起跳、翻腾 、入水整套动作可谓一气呵成，使人不禁要拍手叫好。“秦王”组合这个动作得到了 89.76 的高分。四轮结束，王峰/秦凯以 286.86 分高居第一，领先第二名 20 分之多，萨乌丁和库纳科夫以 266.46 分列第二。

第五轮王峰/秦凯跳 407C（向内翻腾三周半抱膝）的动作，难度系数为 3.4，两人发挥十分稳定，入水水花控制得很好，同步性上也毫无瑕疵，最终得到了 87.72 分，以总成绩 374.58 分高出第二名已有将近 40 分。

王峰/秦凯最后一个动作是 5353B，他们的动作完成出色，整套动作两人配合默契，入水水花效果控制得相当棒，最后裁判给出了 94.50 分，他们的总分高达 469.08 分，获取最终的冠军。雅典奥运会上中国队彭勃/王克楠丢掉的男子 3 米双人板冠军，终于在北京奥运会上被王峰/秦凯重新夺回了。

一、国家跳水队的“老大哥”

王峰已不年轻， 是中国跳水队中年龄最大的一个。在这次参加奥运会的中国跳水队员当中，与他年龄最为接近的是郭晶晶，也比他小了两岁多。男队员中的“老二”是比他小将近7岁的搭档秦凯。因此，有人说，王峰能够一直坚持到今天，而且还获得了奥运会的金牌，实在是一个奇迹。

王峰出生在山东省新泰市，5岁开始练体操，8岁改练跳水，但直到21岁时才“跳”入国家队的大门。这在人才辈出、新陈代谢极快的中国跳水队，也算创了一个纪录。在王峰进队之前，比他小4个月的田亮已经在悉尼奥运会上夺得了男子10米跳台跳水的冠军。有很多人猜疑，王峰到国家队，无非是想“镀镀金”。

但王峰并不是这么想的。在1999年曾经自觉“前途渺茫”而有过一次短暂退役的他，非常珍惜进入国家队的机会，他每天加紧训练，终于获得了国家队教练组的认可。2001年，22岁的王峰第一次参加国际大赛，就在当年的世锦赛上获得了男子1米板的冠军，在那之后，他就坐稳了国家队的主力位置，并通过竞争获得了参加雅典奥运会的资格。

然而在雅典，雄心勃勃的王峰并没有收获欢乐，他最终只获得了3米板的第四名。这对生性好强的王峰是一个沉重打击，一连四五天，他都没有跟老家的父母通话。回国之后好长一段时间，他也一直沉默寡言。

是不是该退役呢？王峰思考良久，最终选择了坚持。他不甘心，还要向奥运金牌进行冲击。

坚持，就意味着更大的付出。做出这个决定之后，王峰的训练更加刻苦了。但年龄、体力上的弱势和难度上的差距显现出来，腰椎的老毛病更是时时向他袭来。为此，在2005年之后，王峰逐渐放弃了个人项目，将所有精力都转到双人项目上来。

最近3年来，王峰的搭档从彭勃到何冲再换成秦凯，但无论与谁在一起，他都能很好地与队友融为一体。特别是与秦凯搭档的这20个月，他俩在所参加的大小赛事中无一失手，也在国际跳水界赢得了“不败组合”的美誉。

二、还不会游泳　却被跳水教练一眼相中

王峰的家乡山东新泰市是“全国体操之乡”。王峰的父母年轻时也是当地篮球队的主力，王峰的父亲和80岁的爷爷现在仍然保持着每天下午打半个小时篮球的习惯。

1987年，王峰还在新泰的体操学校练体操。那年5月份的一天，学校突然来了一个陌生人来看大家训练，他就是山东省跳水队的跳水教练王申桃。

其实那天王教练是来学校挑选队员去省队练跳水的。在那之前王峰也看过几次跳水训练，当时还不会游泳，对跳水也没什么兴趣。王教练看了一会训练以后，就把王峰叫过去，让他做了几个动作。过了几天，王峰接到通知，他和另外两个队员一起被选中了。

到了济南省体育中心，王峰开始了二十天的跳水集训。在那里，王峰学会了游泳，也学会了一点很简单的跳水动作，开始对跳水产生了兴趣。

但二十天集训很快结束了，大家就要各自回到自己的家乡。这时候王教练对王峰说：“你不能回家，你回家以后我怕你把刚学会的游泳给忘了，明天把你爸妈叫来陪你

几天。”

后来王峰才知道，不让他回家是因为王教练选中他之前，在一次省体操比赛上省体操队的教练也看中了他，所以当时不让回家，是王教练怕王峰回家以后被体操队那边抢走了。据说这件事跳水队和体操队两边闹了好久，最后体育局的一位领导问王教练：“你真的有把握把王峰练出来吗？如果你敢保证，我就给你做一回主！”王教练当时就保证说：“我有把握把他练出来！”最终就是这位体育局领导下了命令：“还是把王峰安排在跳水队里吧，跳水队刚刚建队不久选中一个苗子不容易！”据说当时很多人都不看好这对师徒，有人还说他要是能把王峰练出来了那才是怪事！

王教练把王峰留下的第二天上午，还带小王峰出去转了转并给他买了两把玩具手枪。下午王峰的爸妈经过6个多小时的汽车颠簸终于到了，由于当时跳水队的吃住条件也不好，王峰的爸妈来了没有地方住，就只好睡在电视房的桌子上。他们陪了孩子几天就走了，走的时候王峰的妈妈哭了。

过了几天又来了四个队员，五名小队员就一直跟着王教练。在刚开始练的那两年真的很辛苦，陆上训练的房间冬天很冷，夏天又很热，水上训练的水很凉，水陆温差很大，每次上岸都要哆嗦好久。就在这样的条件下，师徒们带着压力克服了一切困难，共同努力每天都重复着同样的事情，训练、训练、训练……

两年之后，王峰第一次参加了跳水比赛并且拿了1米板的冠军，虽然是少年组的比赛，但也算是正规比赛，这第一个冠军，算是给以后的跳水生涯开了个好头！1994年的时候王峰又在全国比赛上拿了男子10米台和男子全能两个第二名，终于跳进了全国前三。之后几年中他还拿了几个国际大奖赛的冠军，1999年王峰终于拿到了他梦寐以求的第一个全国冠军和第一个世界大学生运动会一米板冠军，2000年还参加了跳水生涯中的第一个世界大赛——世界杯，拿了团体冠军和1米板亚军，成为了世界冠军。在那几年里随着时间的流逝和跳水的发展，其他四个队友都相继退役，到最后只剩下王峰一个人还在坚持。

三、爱“恨”交加兄妹情

王峰有个妹妹，他们兄妹俩从小与毕文静姐妹俩一起在新泰体校练体操。王峰后来改练跳水之后，王峰的妹妹也没再继续练体操，而是像其他小孩一样上了小学。对于这个哥哥，王峰妹妹可谓是“爱恨交加”，尽管小王峰3岁，不过小时候这个哥哥可是从来不让着自己，兄妹俩经常打闹。而王峰离开家去济南练跳水之后，两人感情又好了起来，王峰承担起妹妹每年的学费，也让妹妹很感激这个哥哥。

“小时候每天都见面，和哥哥经常吵架，他走之后，我还觉得挺好，因为家里就剩我一个小孩了，没人跟我抢了。”王峰妹妹笑着说，“那个时候总和他抢吃的，现在回忆起来，我们一起开心的时候挺多的。”

哥哥对妹妹非常照顾，因为怕妹妹受欺负，总关注妹妹和什么人交往；妹妹则充当一个“叛徒”的角色，哥哥出去喝酒疯玩或者闯了什么祸，妹妹就会向父母“告密”，让父母“收拾”王峰……

就是这样一对欢喜冤家，两人见面总有说不完的话，性格上的相似，让两人在一起时总是“火药味”十足，但是王峰对妹妹的关照，又让两人感情加深。“小时候那是不懂事，挺恨哥哥的，现在想起那些事情觉得很好玩，”王峰妹妹说，“现在我和哥哥经常在网上交流，家里有什么事我都会告诉他，他训练比赛有什么情况也都会跟我说，我们兄妹之间没什么秘密。”

四、甜蜜爱情　成功的动力

在男子3米板冠军的颁奖仪式上，王峰时常对着右侧看台招手，当时人们只是以为他在向观众挥手致意，并不知道他的妻子就在那片看台上。颁奖仪式结束后，运动员退场的过程中，王峰突然冲向摄影记者的区域，几大步跨到摄影记者席的最上端，将手中的花束递给了观众席第一排的一位女孩。女孩此时早已是泪流满面，王峰轻抚她的脸，场面十分感人。

“她能来看我的比赛，对我来说也是一种鼓励。”王峰赛后说起自己的太太，满脸的幸福。但他对太太又满怀愧疚，为了备战奥运会，两人始终聚少离多。奥运会结束后，王峰终于可以多陪陪自己的太太了。

2003年下半年，王峰突然腰椎受伤，伤病困扰着他的训练。“那时候突然觉得腰很疼，去检查查出来是腰间盘突出，但是因为转年就是奥运会了，也没有太多的时间休息，做太多麻烦的治疗，所以就一直在坚持。”王峰说：“直到2004年临近奥运会的时候，腰突然一下不行了，感觉完了，奥运会没有机会了。”曾经有段时间，王峰疼得连走路都困难。"那时候也是每天去针灸，隔一段时间痛得很厉害就会打封闭，坚持训练。但是那一段时间也是特别积极地治疗，大夫也很着急，我们省里的领导也很着急。"王峰回忆说。就这样坚持着，奇迹终于发生了。"这样过了大概有一个多月吧，不知道为什么，腰竟然不疼了。"直到现在说起，王峰还是觉得这是个奇迹。

在王峰腰伤最严重的时候，他认识了他现在的妻子王丹。对于妻子，王峰充满了感谢之情："其实她对我的支持特别大，给我带来了很多，虽然我不会跟她谈训练，但是我每次见到她，她都会鼓励我。我觉得这4年她跟我一起走过来，她为我做了很多。"现在在王峰的手腕上，还戴着一根红线，这是他和妻子认识时候的礼物。他们认识的时候王峰就戴着它，戴了很长时间，慢慢的，他好像对这根红绳也有了感情，把这个当成了能给他带来好运的幸运线，戴着它，他感觉妻子王丹好像就在身边一样。

秦　凯

——跳水男子双人 3 米跳板冠军

身　　高：1.70m

体　　重：59kg

性　　别：男

出生日期：1986 年 1 月 31 日

籍　　贯：陕西西安

稳重顶压力　　越难越坚强

活泼却不善言语，仗义却不乏主见，22 岁的秦凯，显得比同龄人老成稳重。在中国跳水队，他以稳定著称，心理素质非常好。在多次国际比赛中，他的表现总是让观众眼前一亮，越是大赛就越能顶住压力，越是困难就越是发挥出色。

从 12 岁进入国家队起，秦凯已经为奥运冠军梦奋斗了 10 年。可金牌背后有多少不为人知的故事？又有多少痛苦、深刻的经历印在秦凯的心头？

一、魔鬼式训练　叫苦不迭

秦凯出生于西安市莲湖区一个工人家庭，爸爸秦钢与妈妈赵曼丽均为西安电瓷公司的职工。1990 年初，4 岁的秦凯被父母送到市青少年体育学校练习体操，受教于李江海教练。

1994年8月，秦凯参加了陕西省第十届运动会，不仅取得了男子跳马亚军，还与队友一起夺得男子体操团体冠军。这年9月，曾培养出田亮的著名教练张挺、谭敏夫妇到西安市青少年体校挑选队员，一眼便相中了秦凯。从此，秦凯告别体操，走上了跳水之路。

在踏上跳水之路时，秦凯连游泳也不会。在开始试训时，秦凯一直站在游泳池边兜圈子，赶都赶不下去。无奈之下，秦钢一把抱起儿子扔进游泳池，等到秦凯哭着爬上岸来，他又将儿子抱起来扔进池中。

3个月之后，秦凯被送到在北京借训的陕西省跳水队。在那里，秦凯接受了张挺的“魔鬼式”训练：全天训练跳水200次以上，每周训练48小时。每天早晨6点半出操，晚饭后还要练晚功至9点半，只有星期日休息半天，这让秦凯叫苦不迭。而正是这样的艰苦训练，才为秦凯今天的腾飞奠定了坚实基础。

二、曾患心肌炎　险些离队

就在秦凯刚到北京训练了不久，一天，秦钢突然接到领队电话，说秦凯出事了！匆忙赶到北京后，秦钢才得知，秦凯一上跳台，心率就超出正常人的一倍以上，经检查是患了心肌炎，医生还给出结论：这孩子已不适合再练跳水。

秦钢带儿子回到西安，经过一系列的检查和治疗，医生称秦凯的心脏没问题。于是，秦凯又重回跳水之路。为了更好地照顾儿子，秦钢辞去了单位车间支部书记之职，承包了工厂的服务部。

三、痛失四亲人 学会坚强

1998年，秦凯入选了国家队。2000年除夕之夜，秦凯打电话回家，说着说着就泣不成声了。秦钢想起，自从把儿子送到北京练跳水后，一家人就再也没吃过团圆饭，决定到北京陪儿子过年。

大年初四，秦凯的二姨夫侯书堂，载着秦钢夫妇，秦凯的表哥侯大伟、二姨赵曼娜，一行五人冒着大雪从西安出发了。上午11点，当车行驶到山西侯马时，意外发生了，他们的车和一辆出租车相撞了。车祸夺去了侯书堂与侯大伟的生命，赵曼丽与赵曼娜都被撞折了肋骨，秦钢颅骨受损，右臂骨折。

情绪稳定下来后，秦钢决定将这一切深埋在心底，不告诉秦凯。

2000年6月，秦凯回到西安训练两周。亲人们都告诉他："侯大伟有出息，留学日本去了。"在善意的谎言中，秦凯心态平稳地回到北京训练。

2002年秋，秦凯卧床多年的爷爷秦国栋病逝了。秦钢再次对儿子封锁了消息。至此，三年内秦凯连失3位亲人，但他浑然不觉。

2005年6月14日，正在北京备战世锦赛的秦凯突然想起，这天是外公赵唯忠的生日，当他把电话打到家里给外公祝贺生日时，妈妈告诉他，"外公被你舅接去酒店过生日了，我们把你的心意告诉他。"其实，外公当天就因病危被送进了医院。一个月后，秦凯的外公去世了。

这年10月底，秦凯有机会回到西安和家人小聚。在一个阴雨天，秦钢开车与儿子一起去拜访朋友。途经安葬着几位亲人的凤栖山墓园，秦钢才一五一十把四位亲人去世的事告诉了秦凯。听完之后，秦凯顿时泣不成声。秦钢说，虽然真相让秦凯难受了很长一段时间，但之后秦凯似乎一下子长大了。

四、被指为“阿斗”　知耻而后勇

就在秦凯重新回到跳水台上不久，跳水界发生了一件大事：与秦凯同一个宿舍的名将田亮被排除在国家跳水队大名单之外。

张挺教练开始将目光转到秦凯等有潜质的队员身上。但当时，与以自信、心理素质好著称的田亮相比，秦凯一直被圈内人士认为是“扶不起的阿斗”，因为他每到关键时刻就“掉链子”。2000年奥运会之后，在云南举行的一次全国跳水大赛中，在所有奥运功臣不参赛的情况下，铁定夺取3米板冠军的秦凯，却在比赛前一日扭伤腰肌，让煮熟的鸭子飞走了。

2005年十运会前夕，伤愈的秦凯与田亮配双人10米台。这是秦凯证明自己的好机会，同时也关系到田亮能否重回国家队。然而，由于秦凯发挥失常，两人只得了第四名。

但正所谓知耻而后勇，要强的秦凯从此训练更加刻苦。2006年，他迎来了自己职业生涯的第一个春天。

五、实现冠军梦　感恩亲人

2006年3月，世界跳水大奖赛俄罗斯站，秦凯获得男子3米板亚军，并与队友合作获得双人3米板冠军 。几个月后，世界跳水大奖赛罗马站，秦凯夺得3米板冠军，并与队友合作获得男子双人3米板冠军。在2006年7月跳水世界杯上，秦凯在队友何冲严重失误的情况下，顶住重压，为中国军团夺取了一枚珍贵的男子3米板金牌。

秦钢清楚地记得，秦凯的电话是当天晚上11点40分打来的，“他对我说，要是外公、表哥还有爷爷和二姨父都看到我领奖，他们该有多高兴啊。我准备用奖金给二姨买房子，你们没意见吧?”儿子的这番话让秦钢感到欣慰，他说：“好，我们一定支持你。”

2007年墨尔本世锦赛，秦凯大放异彩，他独得男子3米板单、双人两枚金牌。至此，秦凯已经成为世锦赛和世界杯双料冠军，成为中国男队中距离大满贯最近的人。

2006年底，秦凯开始和山东老将王峰配对。秦凯心理稳定，王峰个人技术过硬，他们互补得非常好，配合也日臻默契，在双人3米板上几乎未尝败绩。在水立方，秦凯终于如愿登上奥运会男子双人3米板的最高领奖台，实现了自己的大满贯梦想。

何　冲

——跳水男子3米跳板冠军

身　　高：1.68m

体　　重：65kg

性　　别：男

出生日期：1987年6月10日

籍　　贯：广东湛江

新晋跳水难度王　　潇洒少年取金牌

8月19日晚，北京奥运会男子3米跳板决赛，空气紧张得令人窒息。

男子3米板历来是奥运会上竞争最激烈的一个跳水项目，而环顾当今世界跳水强国，在奥运会男子单人3米板项目上有机会染指冠军的人物就至少有五个。一向以难度高闻名的“神奇小子”何冲要想拿到这枚金牌，对手除了经验老到的俄罗斯“跳水沙皇”萨乌丁，曾在2005年世锦赛战胜过他的加拿大“神童”德斯帕蒂，与他同样拥有高难度的墨西哥新秀卡斯蒂略外，不得不提的还有他以稳定著称的队友秦凯。

在第六跳何冲出场之前，加拿大的德斯帕蒂和队友秦凯都已结束了全部6个动作的比赛，分别以536.65分和

530.10分暂列第一、二位，而从预赛到决赛一直排名第一的何冲在前5跳的总分是472.20分。最后一跳非常关键，只有稳定发挥，他才能拿到这块梦寐以求的金牌。

一、跳水大风车一“冲”成名

何冲稳稳地站在跳板上，他在等待着观众席安静下来，才开始自己在奥运会男子3米跳板决赛中的最后一跳：5156B（向前翻腾两周半转体三周—屈体），难度系数3.8。然而观众席上的欢呼声和掌声并没有很快停歇，因为所有人都清楚地知道。水立方即将上演一套难度奇高而且完成质量无懈可击的跳水动作。

说“难度奇高”而不说“难度最高”，是因为墨西哥少年亚埃尔·卡斯蒂略刚刚跳了5355B——反身翻腾两周半转体两周半—屈体，难度系数达到了3.9。不过卡斯蒂略并没能将那个动作演绎完美。尽管难度系数高达3.9，然而他的这套动作仍然仅仅得到了81.90分。

实际上何冲也能做5355B，然而由于这个动作难度太大，实在难以在大赛中保证完成的质量，因此他还是将5156B当作自己的“撒手锏”。没错，何冲确实已经完全掌握了5156B的精髓，他能够在任何压力下高质量地完成这一动作。

欢呼声和掌声终于退去，全场观众都在凝神静气的注视着何冲。中国少年没有辜负世人的期待，他从起跳到翻腾，从入水角度到水花控制，无一不是做得完美无瑕。100.70分！何冲拿到了本场比赛中唯一一个超过100分的分数！5156B，中国少年凭借这一难度系数3.8的动作勇夺北京奥运会男子 3 米板金牌。

跳水是 1 秒钟的艺术。何冲在 1 秒钟之内，圆满地完成了“向前翻腾两周半转体三周—屈体”；在 1 秒钟的时间里，中国少年的身体完成了 960 度（向前翻腾两周半）＋1080 度（转体三周）的壮举。在这 1 秒钟的时间里，“中国大风车”让全世界都领略到了跳水运动的魅力，也让全世界的人们都记住了自己的名字——何冲。

2008 年 8 月 31 日，笔者吴京辉与何冲在香港访问途中

何冲是当今世界男子跳板难度系数最高的运动员，他的六个难度动作可以轻易达到 20.3，除了人们熟知的撒手锏 5156B（向前翻腾两周半转体三周屈体，难度系数 3.8），他还有 5355B 的（反身翻腾两周半转体两周半屈体，难度系数 3.9）保留杀招一直没用。身体素质好，爆发力强，动作干脆利落，刚劲有力，特别是转体动作非常漂亮，高规格的动作和极高的难度使得他每每在大赛中可以跳出超过

100的高分。

今年21岁的何冲肌肉力量是跳水队最好的，田亮在几年前还曾开玩笑说何冲是吃大力丸长大的，而且何冲在队里也有“铁娃”的称号。出色的身体素质令何冲在走板和起跳上总可以争取更多的腾空高度和远度，这样动作就会显得幅度巨大、舒展有力。而在技术细节上何冲更是精雕细刻，他的诸多高难动作都是对手怎么练也练不会的。

何冲不但技术难度高、动作阳刚有力，而且英俊潇洒、身材挺拔，就像唯美的雕像一般，闪亮的眼睛、结实的肌肉迷倒了不少的女孩。在北京奥运会上摘得金牌后，何冲已与名将熊倪、田亮比肩，成为新一代的跳水天王。奥运赛场上何冲的最主要竞争对手是加拿大“神童”德斯帕蒂，不过自信的何冲信心满满：“我从来不觉得德斯帕蒂有多强，要说能威胁我夺冠的，只有秦凯而已！”

二、“冲”的轨迹

1987年，何冲生于海滨城市广东湛江。何冲小时候的大部分时间，是在外婆那里度过的。外婆家在吴川吴阳镇那角垌乡的东边埇村，村边有一条运河的支渠。少时的何冲一大早，不是光着屁股跑到运河中游泳，就是光着脚丫在别人盖房子堆得老高老高的一层层方砖上弹跳。妈妈吴燕华今日话当年，说：“每天外婆都要大声喊他，出门找他，怕他呛水，怕他跌伤脚。”可一到吃饭时间，何冲总会一身汗一身水准时回到家的。慢慢地，何冲又把在砖堆上的跳搬到运河上去跳。这感觉真好，更不用担心跌伤了脚的。这恐怕就是今天这名跳水冠军最早的跳水训练吧！

最怕教练不让跳水

1993 年，随爸爸回到赤坎，在湛江市四小读学前班才 6 岁的何冲，成了赤坎区业余体校钟权生教练手下的一名队员。

男孩子都好动，何冲也不例外。但何冲是那种外表好动、内里却极喜欢思考的孩子。他在市四小从一年级到三年级，每次考试都是班中的前 3 名。平时助人为乐，主动做好事，又被学校评为“十佳少年”。但他也有最害怕的，就是怕教练不让他跳水。一次他感冒发烧，需打点滴。妈妈说：“你今天连课都上不了，下午就不用去训练了。”他误以为是教练不让他跳水，死拉硬拽着妈妈一定要去找教练。钟权生教练说：“何冲天不怕、地不怕，上难度、跳高度总是他第一个打先锋。当年羊城晚报记者下来采访，还专门拍了他陆上身体训练劈得最好的一字马。但何冲最怕不让他跳水。有时他调皮被批评时，我一说不让他跳，他眼泪马上冒出来了。这么倔强又这么执著于跳水的孩子，我训练了几十年，还是第一个见到。”

当年跳水最难忘的“满天星”

何冲有三兄妹，他最大，下面是妹妹何舒婷，最小的是弟弟何超，3 人都是赤坎区业余体校跳水班中的一员。当时何冲家里生活很艰苦，全靠从遂溪界炮镇西湾村出来赤坎做装修的父亲何平一人的经济收入维持，每天全家五口的菜金就几块钱。每天下午放学，母亲吴燕华就推着一辆旧自行车，把兄妹三人从文章村载到两公里外的赤坎游泳场参加训练。路上遇到上坡，何冲总第一个跳下来，帮妈妈推自行车。

有一次在路上，何冲终于忍不住对妈妈说出了憋在心里好几天的一句话："妈，能不能给我3毛钱买一个馒头吃？我太饿了，每次从跳台上跳下水，我都觉得满眼星星……"妈妈的眼眶浸润了。自此，她宁可去菜场买最便宜的菜，每天也要省下一元钱，为3个孩子在每天下午训练时买上一个馒头。

不是新星的新星

"我不是新星了。"这话的确是何冲说的。

1996年，9岁的何冲就被到湛江选才的广东跳水队教练李仁钦慧眼识中，提前一周带他上二沙头训练。凭着在赤坎区业余体校打下的基础和他那股"天叫我冲，谁也不怕"的冲劲，第一次参加省赛，他就夺得了陆上弹网少年丙组第5、1米板第4、5米跳台第7、全能第7等较好成绩。

第一步一踏出来，何冲的后劲就一发不可收拾了。

1997年，在广州举行的广东省跳水锦标赛上，他获少年乙组1米板第6、5米台第6、全能第6。

1998年，第一次参加广东省运动会的他，夺得了男子少年乙组1米板第4、5米板第7。这届省运会结束不久，何冲与劳丽诗双双入选广东省跳水队。

1999年，已是省队一员的他，在原世界跳水冠军李巧贤教练的悉心指导下，在汕头举行的广东省跳水锦标赛上成绩明显有了大幅度的提高。他夺取了少年乙组1米板第1、5米台第4的优异成绩。更难能可贵的是，1米板作为何冲的强项，2000年和2001年同在家乡湛江举行的省跳水锦标赛上，他都获得了金牌。

2002年，他第二次出征省运会，赢回了单人1米板、3米板两金，并和队友配对夺得双人3米板一银。

扬霸气，扫傲气

霸气，傲气，这两种截然不同的风气，给何冲的影响太大了。

何冲的确是一位表现欲望和求胜欲望极强的运动员。2000年吴国村教练从国家跳水队重返广东跳水队执教，马上成立了难度攻关小组，何冲榜上有名。果然，当年的全国赛他拿了1米板冠军。成绩、荣誉、奖励接踵而来，对这位时年才13岁的少年来说，太激动了！

家庭当年的艰苦，使何冲倍加看重荣誉和奖励。得奖时，他一人在板间跳来跳去，并不时对同伴大呼“我得奖了！”以致训练分心，在一次练跳板时把左脚小腿划伤了。教练要他停训治疗，他坚决不干。结果伤未愈又复训，再次把小腿又弄伤了。

教练看在眼里，觉得是时候挫一挫何冲身上的傲气了，于是当着全队宣布何冲立即停训。这下何冲知错了，他可是那种叫他做任何事都可以，但叫他停训却万万不能的倔强运动员。得知这一消息后，钟权生教练陪着何冲的父母亲从湛江赶到二沙头，和省队的教练一道耐心做何冲的思想教育工作，使他深刻地认识到霸气必须弘扬，但傲气却丝毫不可取。此后，13岁的何冲懂事了。2002年，他第一次入选国家跳水队集训，并不久就在德国举行的世界青年锦标赛上为中国争得了1米板冠军的荣誉。

遭遇“滑铁卢”，二进国家队

不到14岁便被招进国家队，何冲可谓少年得志。然而与不少跳水运动员的成长过程一样，这名身体爆发力惊人、走板充分的天才小将，却因为细节技术的短板，在 15 岁那年被国家队退回到了省队。这对好胜的何冲来说无疑是一大打击。好在 2004 年雅典奥运会后何冲获得机会，又重返国家队。此时何冲的技术动作已经精雕细刻，没有任何瑕疵。不长的时间内进步神速，何冲在地方队流淌了多少汗水可想而知。

重返国家队的何冲凭借自身在动作难度和质量上的优势，获得了“神奇小子”的美誉。在 2005 年的国际赛场上他表现抢眼，第一次参加世锦赛就取得了第 3。此后的一系列比赛中何冲几乎是战无不胜，不仅获得德国和莫斯科两站大奖赛单人 3 米板冠军，还战胜了自己的偶像萨乌丁。他与老将王峰合作，连续获得了德国、莫斯科、珠海、蒙特利尔、伍德海德五站双人 3 米板冠军，大有冲击中国队新一代“跳板王”之势。

十运会上，何冲在 1 米板和 3 米板决赛中力挫彭勃、王峰、王天凌等名将。这位跳水天才少年星光四射，身体素质佳、弹跳能力强、空中舒展大、动作难度高的他，在那时就已经被认为是 2008 北京奥运会的领军人物。

回想起进出国家队再崭露头角的这段成长经历，何冲信奉一句话：无论如何，有水平、有实力才是最关键的。“我承认自己是个好胜心强的人，2002 年被告知要从国家队调整回省队的那一刻，确实有点不开心。但我很快便知道这是因为自己还有许多东西没学够，实力还不行。回到省队以后，我将此作为自己的第二个起点，因为我知道我还有机会。”

三、阿喀琉斯之踵：心理不稳

尽管重返国家队后凭借出色的表现被誉为“神奇小子”，然而少年成名，几乎没有经历太多挫折的何冲注定还要受些磨难。

2006 年常熟世界杯，在 3 米板预赛和半决赛一路领先的“神奇小子”在决赛中突然变成了“毛躁小子”——他在第一跳难度并不大的 107B（向前翻腾三周半屈体）动作上严重失误，竟得了 0 分，令全场观众哑然。尽管在随后的比赛中从倒数第 1 追到了第 5，尽管 1 米板和双人 3 米板连摘两金，但主项上那个不可思议的零分所暴露出的心理问题自此开始再也无法遮掩。

2007 年的墨尔本世锦赛，本是何冲证明自己的最好机会。但在以半决赛第二闯入决赛后，何冲旧病复发，在难度系数仅为 3.0 的 205B（向后翻腾两周半屈体）上失误，最终仅列第 6，再次因为过强的表现欲败给了自己。“当时特别迫切地想证明给世界看。但一进入决赛，我就觉得浑身不对劲，紧张得根本看不到板头。”

何冲“难度之王”的美誉越来越不响亮，甚至一提到何冲就有人将“心理素质差”和“大赛恐惧症”之类的词句搬出来。

何冲发挥得不稳定也让中国跳水队的领队周继红很惋惜，因为如果何冲可以克服心态不稳的阿喀琉斯之踵，那他将是很难被打败的！周继红直言不讳地指出：“别看何冲平时很有冲劲，但到了大赛总是不勇敢，想得太多。”何冲的确就是这样，在跳难度系数极高的动作时总能技惊四座，可是却常常在一些基本动作上翻船。

何冲遭遇了痛苦的低迷期，“毛躁小子”开始静心重新审视自己。“外表自信，但碰到困难时内心会退缩。例如有些人怕鬼，想努力克服就该自己一个人到黑暗的地方锻炼胆量。但我怕，选择了逃避，不肯去正视压力带给自己的障碍。”

何冲在自己的博客中说：“很多人给了我很多帮助，我现在时刻牢记刘指导说的‘真正的男人应该有一颗包容一切的坚强的心’。”不管是神奇还是毛躁，何冲在努力直面自己。

世锦赛后一年多，何冲动作的稳定性有了很大的提高，在各项国际比赛中鲜有失手。

2008年初，第16届跳水世界杯在水立方举行，何冲终于力挫群雄赢得了男子3米板冠军，实现了“破茧成蝶”的伟大转变。这枚金牌也标志着他的彻底成熟。比起金牌，他赛后平静的心态更加可喜，“前两年，我希望奥运会能快点来到，也好早日解脱。但现在，我希望时间能过得慢点再慢点，让我再多参加一些比赛，再多些时间训练。”

四、以国家和集体的利益为重

自2005年加拿大蒙特利尔世锦赛上夺得了男子双人3米跳板金牌后，何冲和王峰这一“冲锋组合”，就在一项项世界大赛上所向披靡。2006年后，队里决定改由秦凯与王峰配对跳双人3米板，何冲主攻单人3米板。谁都知道，双人项目是中国跳水队的强中之强，奥运会的这枚金牌，何冲也一直在憧憬啊！可他默默地接受了队里的安排，把全副身心放在自己主攻的男子单人3米跳板上。

2007年，何冲在一次全国大赛上，已成功地跳出了自己在教练的悉心指导下苦练多年而成的新的高难度动作——难度系数为3.9的5355B。这样，他在原有难度系数3.8的5156B的基础上，又加了3.9的5355B，整套动作将大大超出各国强手的难度系数0.5分之多，同等条件的发挥之下，取胜当更具把握。但人们发现，在之后的一系列国际大赛上，何冲从来未上这一动作。反而是2008年3月在“好运北京”世界杯赛上，墨西哥选手卡斯蒂洛跳出了这一动作。何冲为什么不跳？何冲答得很坦率：“两个高难度动作一起跳，风险很大。我服从队里的安排，我坚信我稳健发挥出我现在这一组动作的水平，是可以取得好成绩的。”

大事如此，小事何冲也一丝不苟，处处以队里的纪律为重。平时何冲是最善说笑的一个，去年国家跳水队请媒体到队里举办“换位采访”的培训和表述演讲，他和劳丽诗分别获得男、女子的第一名。可奥运临赛，他每到一站国外的大赛城市，发给父亲手机的信息，只有简洁的4个字：“平安到达。”

何冲，这个好胜爱表现的神奇少年，的确成熟了。

五、希望钟教练能住上一套宽敞的房子

小时候家里经济条件不好，一家五口住在狭窄出租屋的感受，何冲印象深刻。2006年多哈亚运会，他一人连夺男子个人3米跳板和双人3米跳板两枚金牌。他告诉父亲，把所得的奖金和以前的储蓄都拿出来，一定要购买一套宽

敞的住房，让爸爸、妈妈和弟弟、妹妹能过上舒适的生活。

钟权生教练的住房同样简陋，加上身体又有病，去年才做了肾结石手术，但插着尿管从医院跑出来又去带队训练，很是令人感动。何冲多次对父亲说：“我最大的愿望，就是希望钟教练全家能和我们现在一样，住上一套宽敞的房子。”他动情地说：“我现在还没有这个能力，等一有能力，我一定要实现这一愿望的。”

六、存折奖章给爸妈管

北京奥运开幕式那天，经周继红领队争取，跳水队为全面备战没有进场参加。留在奥运村里的何冲，看着电视中的激动场面，给爸爸挂了一个电话，“我想给钟权生教练买一套中国代表团特配的出场服，好吗?”爸爸何平马上表示支持。跟着，马上给何冲汇上了购买服装的一千多元钱。

原来，从广东省队到国家队，何冲的工资存折，一直是主动交给父亲看管的。他有什么大件的东西需要购买，包括几百元一个的MP3，都会事先打电话征求父亲意见，再由父亲从存折中取出钱汇给他买。

何冲从代表湛江、广东到代表中国参加的一项项跳水比赛，所获得大大小小的奖状、奖章和奖杯，至少也有几百件了。每一次获奖，他都珍重地寄回家或托人专程送回家，让妈妈精心保管。妈妈吴燕华说：“他的奖章，已塞满了家里的3个抽屉了。”何冲说，他希望永远铭记自己的每一步历程、每一点滴成绩。这些奖状、奖章和奖杯，既是自己成长的记录，也是激励自己不断进取的动力。

庞　伟

——射击男子10米气手枪冠军

身　　高：1.78m

体　　重：72kg

性　　别：男

出生日期：1986年7月19日

籍　　贯：河北保定

黑马摘金　　续写“男枪”辉煌

在“六朝元老”王义夫成为中国射击队总教练后，与他同项目的谭宗亮曾经被外界视为未来王义夫“衣钵”理所当然的继承人，不过，谭宗亮并没有能接过王义夫在男子气手枪上竖起的大旗，至少在本届奥运会上没有做到这一点。2008年8月9日，当男子10米气手枪的资格赛结束时，名将谭宗亮意外地被淘汰了。

幸运的是，小将庞伟及时站了出来。看到他在资格赛中的稳定发挥，尤其是在他以总成绩586环排名第一昂首进入决赛后，人们开始猜测这枚金牌极有可能被这个不苟言笑、不善言辞的“小孩”夺走。

需要指出的是，在男子10米气手枪的资格赛中，除了谭宗亮落马外，与王义夫对抗了多年的俄罗斯名将涅斯特鲁耶夫以及法国名将杜莫林也都纷纷被淘汰。名将落马，新秀成名，似乎已成了奥运会射击场的常态。这些久经沙场的老将们无缘决赛让庞伟有了更多冲击金牌的机会，而庞伟也没有让大家失望。不过他在比赛过程中大起大伏的表现，确实让现场和电视机前的观众们感受到如同坐“过山车”般的惊险。

2008年8月31日，本书副主编吴京辉与庞伟（右一）在香港访问时合影

9.3环，庞伟在决赛的开局并不理想。第一枪他就打出了这个让现场观众都不禁发出叹息的低环数，“完了!”在场边观战的记者开始喃喃自语。庞伟从预赛中带进决赛的领先幅度瞬间变小。这意味着如果预赛排在他之后的两位选手能够拥有出色的发挥，他们就很可能会在首枪击发之后将与庞伟的差距缩小到1环以内，那样冠军的最终归属就将变得非常具有悬念。

好在排名紧随庞伟之后的韩国选手和朝鲜选手都没有能够把握住机会，两位选手分别只打出 9.5 环和 9.2 环，资格赛排在第四的美国老将贾森·特纳第一枪甚至只打出了 8.8 环，庞伟依旧将优势牢牢掌握在自己的手中。

笔者吴京辉与射击名将王义夫（左）合影

不愧是 2006 年世锦赛冠军，显然也对自己的这一枪成绩不太满意的庞伟在随后的比赛中及时调整了自己的心态，他的状态保持得非常稳定。从第 2 枪开始，庞伟的成绩就一直没有低于过 10.3 环，6 枪之后，庞伟已经基本锁定了比赛的冠军，其他选手只能转而为争夺亚军努力。

当在后面追赶的几位选手发挥起伏不定的时候，庞伟却完美地发挥出了自己的水平。这个时候的他似乎已经不是在和对手比赛，而是在一次又一次努力试图超越着自己。

10.3环、10.5环、10.3环、10.4环、10.3环、10.7环、10.4环、10.7环，他用自己的成绩告诉大家：请放心。最后一发子弹击发前，处于第一名的庞伟以4.2环的巨大优势领先于第二名。最后一轮，胜券在握的庞伟只打出了9.3环的成绩。9.3环，与前8枪相比似乎反差稍微大了一点，而且这最后一枪的成绩仿佛又回到了决赛的开始，但这次的9.3环已经无碍他的金牌到手，现场观众也不再是叹息一片，而是献上了雷鸣般的掌声。这样，庞伟便以688.2环的总成绩为中国奥运军团摘得本届奥运会的第二块金牌，这也是中国射击队在杜丽冲金失利后，于本届奥运会上获得的首枚金牌。

韩国选手金荣国从资格赛开始就一直位列第二，与庞伟的成绩仅差2环。决赛中，他的前两枪也没有打出特别好的成绩，分别是9.5和9.9，在接下来的两枪分别打出了10.6和10.3环的好成绩，分数一直在步步逼近，可是第五枪却打出了9.4的成绩，成绩滑至第三，第六枪10.2帮助他挽回了名次，接下来的10.1和10.8环让他与庞伟的差距越来越短，但是接下来的两个10环以下，让他没有了任何超越的机会。最后他以总成绩684.5环落后于庞伟，位居第二。

排在第三位的是朝鲜选手金荣洙，他的比分一直跟在韩国选手金荣国的后面，中间的一次失误，使他一度滑至第四，但是随后的出色表现让他最终以683.0环的成绩夺得一枚铜牌。

一、揭秘：射击首金多亏“信息回避”

小将庞伟能在男子10米气手枪比赛中夺冠，完美摘得中国射击队的第一金，教练们赛后分析认为，除了庞伟的实力之外，队内实行的信息回避制度取得成效，对于这块金牌功不可没。

奥运会开幕前一个月，射击队就给教练员和运动员换了手机号，这些号码只有队伍内部知道，或者说是只有教练、总教练等少数人知道。即使是运动员的家人，也不知道他们的新号码。

根据射击队传统的信息回避制度，教练与教练之间、队员与队员之间，都不能打听对方的比赛详情和成绩。运动员的房间里没有电视，看不到体育频道。这么做的目的是为了避免有人成绩不好影响到其他人，造成恶性循环。

射击队所有的准备会都是比赛前一晚进行的。当天中午，教练组并没有给庞伟、谭宗亮开动员会，而是让他们直接到赛场进行准备。庞伟下午出场前，并不知道杜丽、赵颖慧没拿到首金，因此并没有冲首金那样特别巨大的压力。他能够拿下男子 10 米气手枪这块金牌，和他稳定的心态是分不开的。

二、从小痴迷玩枪

庞伟小时候住在奶奶家，那是河北保定一栋有着 30 多年历史的老式居民楼。庞伟小学是在南关小学读的，学习成绩一直不错，初中到了回民中学，他的射击生涯就是从中学时代开始的。

庞伟从小爱玩枪，儿时最多的玩具是枪，家里像武器库一样堆满了各种“枪支”。最爱玩打仗游戏的庞伟在 2000 年时刚好 14 岁，一位相熟的邻居半开玩笑地说：“这孩子这么喜欢枪，干脆让他练射击去得了。”这句玩笑话竟让庞伟兴奋不已。父亲庞彦宏、母亲蔡东芳辗转找到了保定市业余体育学校的张广伟教练，想让庞伟练练试试。没想到，两年后庞伟进入了河北省射击队，5年后成了国家队的一员，8年后就成了奥运冠军！

三、冒险退学练射击

进入体校学习射击后，庞伟真的着了迷，他花了大量的时间和精力在训练上，学习成绩下降了。老实说，父母当初让庞伟练射击，也只是“练练”而已。当看到孩子直线下降的学习成绩，父母心里很是不安，不想让他练下去了。庞伟虽然很听父母的话，但对自己刚刚摸出点门道的射击运动却很明显割舍不下。在多数中国人眼中，学业有成才算人生的正途，兴趣和学业之间如何取舍，对庞伟的父母来说显然是一道难做的选择题。这时候，爱才的张广伟教练主动找上门来，恳切地对庞伟的父母表达了这样一层意思：换上别的孩子，不练也就不练了，教练也不会说什么；但是对庞伟，自己却认为，不让他练射击才是真正的误人子弟。

庞伟父母反复权衡，最后作出了一个大胆的决定：让庞伟放弃学业，全身心投入射击训练。首先，他们相信教练的眼光和孩子的潜力；其次，万一孩子练不出来，也不会没有出路，还可以当兵。奶奶看孙子很帅气地拿着枪，也乐呵呵地说：“凭他这股子韧劲，枪杆子里迟早会出成绩的。”

就这样，庞伟与射击结了缘。

四、意外夺金露头角

2002年，16岁的庞伟将全国射击赛和全国青少年射击比赛的冠军一并揽入怀中。“跟庞伟一起练射击的这些人，只有庞伟咬着牙坚持下来了。”庞伟奶奶说。父亲庞彦宏告诉记者，庞伟当年主要训练小口径50米慢射和气手枪，时间是上午8时到12时，下午还要再练上3个多小时，比坐在课堂里苦得多，可是热爱射击的庞伟每天依然练得不亦乐乎。

2002年底，庞伟进入河北省射击队。在新教练张胜阁的调教下，庞伟各项技战术指标又有了进步，气质也越来越沉稳。2005年全国奥运会后备人才选拔赛上，19岁的庞伟勇夺第一，被选入国家队，成为国家队最年轻的新丁。

2006年对于这个保定小伙来说，是格外幸运和丰收的一年，也是他崭露头角，开始他大赛爆冷的“黑马”神话的一年。

2006年7月，在克罗地亚举行的萨格勒布第49届世界射击锦标赛上，尚未满20岁的庞伟首次代表国家队参加世界大赛。队里本来想让他参加青少年组的比赛，没料到两场资格赛之后他竟然名列第二，于是直接让他参加了成人组的比赛。让人始料未及的是，在男子10米气手枪个人赛中，他不仅以预赛第一的身份挺进决赛，而且笑到了最后，以683.3环的好成绩强势夺魁。由于金牌来得实在太意外，庞伟出国前连领奖服都没准备，登上领奖台时所穿的服装还是临时找别人借的。当他把获得世界冠军的消息告诉父亲时，父亲还以为他是在开玩笑。就连远在石家庄的省队教练张胜阁，也是第二天看了电视之后，才知道庞伟拿的并不是青少年组的冠军，而是真正的世界冠军。

那次世锦赛上，庞伟还与林忠仔以及老将谭宗亮合作，拿到了男子团体10米气手枪的团体冠军。

在那年的多哈亚运会比赛中，庞伟和队友一起笑傲亚运赛场，分别在10米气手枪和50米气手枪的比赛中夺冠。

此后，在2007年的世界杯总决赛男子10米气手枪比赛中他拿到第三名，同年的全国城市运动会50米自选手枪慢射比赛中，他最终名列头名。

虽然身经百战，大赛频频爆冷，但刚满22岁的庞伟在离北京奥运会开赛5个月时才拿到比赛入场券，这是他第一次参加奥运会。可以说，赛前十分低调的他，是在没有多少人留意的情况下夺冠的，“黑马”姿态果然十足。

五、“黑马”、“白马”不重要

没有夸张的表情，没有激情四溢的动作，没有令人惊艳的话语。腼腆的微笑，深深的鞠躬，就是22岁小将庞伟庆祝自己首个奥运会冠军的全部方式。在队友杜丽无缘奥运会首金之后，承担着为射击队打破夺金僵局重任的庞伟，一举射中男子10米气手枪项目的金牌，让全队上下大大松了一口气。赶赴现场观战的射击、射箭运动中心主任高志丹用“少年英雄”形容眼前这个年轻人，而庞伟自己却依旧一副朴实淡定的样子，平静地表示：“我都不知道杜丽的成绩如何，只管自己努力打好比赛，尽量去拼好成绩就是。”

在未被列为夺冠大“热门”的情况下，庞伟以年轻人特有的拼劲，将惊喜带到国人面前。“比赛时，我把自己的姿态放得很低。不去想得太多也就没有什么压力，这样的比赛心态很轻松，自然能够比较好地发挥出自己的水平。”

在庞伟略显“意外”地夺取奥运金牌之后，不少人将他定义为“黑马”。但庞伟自己显然并不在意外界的评价，“无论‘黑马’还是‘白马’，只要能取得好成绩就行，我不会太关心别人的说法。”到底是一对默契的师徒，当同样的问题抛向在现场为爱徒助威的“六朝元老”、教练王义夫时，得到的也几乎是同样的答案，“打好了就是‘黑马’，打不好就是‘白马’，这并不重要。重要的是他的成长让我们看到希望，我敢肯定，这一定还远不是他状态的巅峰。”

六、期待未来扛大旗

夺冠后，庞伟说得最多的就是一个“拼”字。“年轻没有失败”的信条，让庞伟放下沉重的心理包袱，也助他实现了奥运会夺冠的美梦。

而平和的心态恰恰也是一个枪手成功的基本要素。与其他同龄人相比，庞伟的心理素质似乎超越了他的年龄，沉稳得让人有些少年老成之感，让人依稀看到了老将王义夫当年的影子。对庞伟，王义夫评价说：“别看他是1986年出生，比赛中整体表现还是比较稳定的。”奥运会夺金之战中，原来资格赛最好成绩只有584环的他打出了586环，牢牢占据头名位置。当师兄谭宗亮被淘汰出局后，孤军奋战的他，心态仍未受到影响，如他自己所言：“年轻人勇者胜，但心态一定要保持平稳。”

对于运动员来说，年轻就是最大的资本。即使是在运动生命较长的射击项目里，这样的命题同样成立。王义夫之所以钦定庞伟作为自己的接班人，正是看重他年轻有为，且仍有不小的提升空间。

从接触射击开始，庞伟就将王义夫视作自己的偶像。能像王义夫一样独抗一面大旗，成为射击界的常青树，始终是庞伟奋斗的方向。如今，曾经的偶像成为了自己的师长，庞伟备感荣耀之余，也更加努力地从前辈身上吸取精髓，以更好的成绩给师父以回报。“我知道自己还有很多不足，没有教练的指导，我还不能很好地在赛场上去把握自己。”走下奥运最高领奖台，庞伟说，“射击队给了我良好的生长环境，良好的比赛动力，尤其是我的教练教给我很多东西，希望今后我还能拿更多的冠军，不辜负他们的希望。”

年纪轻轻就夺取奥运会冠军，庞伟站在了一个很高的起点上。未来还有很多阵地等待他去征服，还有很多纪录等待他去创造。若能将无畏的勇气和坚若磐石的心理素质完美地结合，未来扛起中国射击队男子手枪领军人物大旗的最佳人选除了庞伟，更无他人。

郭文珺

——射击女子10米气手枪冠军

身　　高：1.68m

体　　重：55kg

性　　别：女

出生日期：1984年6月22日

籍　　贯：陕西西安

一弹决胜负　　冷静胜“心魔”

2008年8月10日，北京奥运会正式比赛的第二天，女子射击10米气手枪举行决赛，24岁的中国选手郭文珺发挥出色，勇夺冠军。

一、赢在平常心

在资格赛中，郭文珺落后33岁的俄罗斯老将帕杰琳娜1环排名第二，这让她在决赛中需要面临更多的压力：对手毕竟是世界排名第一的名将，再加上拥有参加过上届奥运会的经验，在决赛前是理所当然的夺冠头号热门，要想赢她恐怕不易。

但在决赛中，郭文珺把握机会，仅仅用一枪就改变了双方的局势，彻底扭转了资格赛落后的劣势。在双方首枪都打出 10 环的情况下，郭文珺在第 2 枪打出漂亮的 10.5 环，而帕杰琳娜这一枪却大失水准，仅仅打出 8.5 环，郭文珺一下从追赶者变成了领先者，并在此后牢牢占据着第一的位置，一路凯歌高奏，将领先优势保持到了最后，以打破奥运会纪录的 492.3 环的优异成绩为中国队夺回了这枚旁落 8 年的金牌。

2008 年 8 月 31 日，笔者吴京辉与郭文珺在香港合影

值得一提的还有第 8 枪双方的表现。当时，帕杰琳娜在前三枪中枪枪胜出，已经将差距重新缩小到了 1 环以内，压力似乎又重新回到了中国小将的肩上。赛场外的观众这个时候也悄悄地为郭文珺捏了一把汗，前一天杜丽在 10 米气步枪中失利的阴影似乎还笼罩在每一个人的心中。

关键时刻，年轻的郭文珺成功经受住了压力的考验，在第 8 枪中她打出 10.7 环，而帕杰琳娜只打出 9.7 环，中国小将重新巩固了自己的优势。接下来的一枪，郭文珺再接再厉，打出10.8环，金牌已经成为中国队的囊中之物。

从资格赛的成绩来看，帕杰林娜和郭文珺之间仅相差1环，领先第三名分别为4环和3环，因此冠军的争夺主要在她们两人之间展开。不过与气步枪相比，气手枪项目对运动员的稳定性要求更高，因为是单手握枪，任何心绪和身体上的微小变化都有可能影响最后的成绩，因此选手的心理对赛果至关重要。决赛场上，郭文珺石佛一般稳定的心理素质得到了淋漓尽致的展现。

赛后，她的启蒙教练黄彦华说："郭文珺已经达到了忘我的境界。她的眼里只有枪和靶心。"黄彦华说，奥运会的比赛选手的水平都是世界顶级的，实力相差不大，比的主要是心态，真正的对手就是自己。具体说，就是谁能正常发挥水平，谁犯错的次数最少，谁就是最终的赢家。黄彦华说："你注意到没有，比赛自始至终，郭文珺都是一个表情，夺冠后的两分钟，她还是很平静。她还处在忘我的状态。在比赛中，她也有起伏，但情绪波动最少。决赛后十枪，她几乎都在10环以上。而预赛排名第一的那名俄罗斯的老将显然在心理上有了包袱。"一句话，郭文珺赢在平常心。

其实，除了超强稳定的心理，郭文珺夺冠还有一个特别的动力。

二、夺金为寻父

15岁时，父亲"消失"了。

郭文珺很小的时候父母就离异了。为了将女儿拉扯大，爸爸郭京生辞职下海做生意。曾经被爸爸带着走南闯北的小文珺从小就养成了坚韧、不服输的性格。父女俩相依为命的感情，也成了郭文珺生命的支柱。

1997年，郭文珺被选入西安市军体校，跟随黄彦华教练学射击。看到这个孩子内敛沉静，做事专注，黄彦华觉得她是一棵好苗子，特别上心地培养她，郭文珺进步非常大。

1999年，黄彦华带郭文珺去成都参加四城会预赛。这时，一件意想不到的事情发生了。在比赛结束后，黄彦华的妻子告诉他一个惊人的消息：在他和郭文珺去成都的当晚，郭京生到家里来郑重地请她转告黄彦华："我要出远门，女儿就交给黄教练了，请他像对自己的亲生女儿一样，把她培养成人。"说完，郭京生就消失在了茫茫夜色中。

为寻父，几度欲放弃

失去了爸爸，本就性格内敛的郭文珺更加沉默寡言。1999年冬，黄彦华一连几天没见郭文珺训练，于是就去找她。一见教练，郭文珺就哭了，她告诉黄彦华，自己去找爸爸了。

原来，郭文珺一直深信爸爸会回来找她，因此常去爸爸租住的房子察看。当听房东说见过一个有点像郭京生的男人在门外徘徊时，郭文珺心中燃起了希望，天天去守候。因为钥匙丢了，她只能搬梯子从窗户爬进去，就这样在屋里等了一个星期，也没见到爸爸。

听了郭文珺的话，黄彦华也流泪了，他下定决心，要把这个孩子培养成人，并帮她找到爸爸。此后郭文珺几度打算放弃射击，最终还是被黄彦华说服了。

金牌就是“寻父启事”

在黄彦华的精心培养下，郭文珺的射击之路走得一帆风顺。2005 年底，郭文珺进入陕西省队，次年入选国家队。在多哈亚运会上，她获得气手枪个人银牌和团体金牌。在武汉举行的六城会上，她一举夺得女子 25 米运动气枪金牌。

不过，六城会归来，郭文珺的思想再起波澜。她告诉黄彦华，只要一看到爸爸的围巾，心里就难受，每天受这样的折磨，有点顶不住了。

黄彦华明白弟子内心的痛苦，他采用激将法，“奥运会马上到了，这是你人生最重要的机会，你有本事在队内竞争中胜利吗？如果你放弃了，你爸爸知道了肯定会失望的。但你要是拿了金牌，这就是最好的寻人启事，你爸爸说不定就来找你了。”

这番话激起了郭文珺的好胜心。经过努力，她果然击败包括名将陶璐娜在内的众多强劲竞争者，站在了奥运赛场上。在 2008 年 8 月 10 日的比赛中，拥有“特别动力”的郭文珺没有让关心她的人失望，经过一番令人窒息的激烈争夺，郭文珺终于将金牌挂到了自己胸前。夺冠后，郭文珺向媒体透露了寻父的心愿，引起了全国人民的关心。现在，帮她寻父的行动还在网上进行着。

三、坎坷的成长路

天赋过人，为射击而生

由于父母离异，郭文珺从小跟着外婆和外公一起长大。“我这个孙女很乖，不是一般的乖。从小就没有让我操过心，没有练射击之前，她的学习都是班里的前三名。她爸爸妈妈长期不在身边，但她从来都没有让我和她姥爷担心过。”郭文珺的外婆说起自己的外孙女只有夸奖，高兴得不知道说什么好。倒是她的姥爷说了一些郭文珺从小与众不同的地方：“这孩子平常除了学习，哪儿都不去，也没啥爱好，但她特别喜欢枪。只有枪能吸引她全部的注意力。”有了枪，她可以跑到户外跟男孩子打打杀杀，有了枪，她甚至可以不吃饭。

郭文珺对枪特有的迷情，特有的专注，似乎暗示着她就是为射击而生的。1997 年，她被军体校发现接受走训，次年就集中训练，成了一名专业射击选手。接受系统和专业的训练后，郭文珺进步神速。2002 年在陕西省十一运会上只有 16 岁的她达到运动健将级别。2006 年入选国家队后，她更是一发不可收拾。在 2006 年多哈亚运会上，她一鸣惊人，一举摘得 10 米气手枪个人亚军和团体冠军。进入 2007 年，她在射击世界杯德国站 25 米运动手枪比赛中摘金。在北京奥运选拔赛上，她淘汰了陶璐娜。尽管是首次参加奥运会，但郭文珺早已被行家看好。带了郭文珺 8 年的教练黄彦华教练认为，郭文珺的禀赋非常适合射击这项运动，是个非常好的苗子。因为她做事总比别人镇定，沉着，无论外界怎样干扰，她总是心中有数，不慌不乱，这是射击运动员最宝贵的专业素质。

打工妹归来更珍惜射击

在射击上已成大气的郭文珺，成长的道路绝非一帆风顺，曾两次打算放弃射击。从母亲的只言片语中，我们可以感受到郭文珺从小就有极强的个性。一次，因为换枪的事情，郭文珺嫌新手枪迟迟未到，闹起了情绪，不想训练。她的妈妈闻讯后跑到军体校，劝说无效，急得当着教练和领导的面要动手打她。其实，当时她的新枪刚购买，正在运输当中。

2004年，郭文珺突然离开军体校跑到外地打工，在一家商场卖起了服装。有媒体说，郭文珺是为了补贴家用，不得不放弃射击，养家糊口。据黄彦华教练透露，当时的情况是郭文珺在2003年刚打完城运会。按照竞技规律，2004年是调整的一年，没有多少比赛任务。当时的郭文珺已经接受了7年的射击训练，“射击训练是很枯燥的。郭文珺打完城运会后，次年就要调整，她希望换个环境，尝试新的选择。当然我不否认，她有从事别的事业的打算。我当时觉得，让她出去闯一闯也不是坏事。如果她能找到比射击更好的事业，你想拦也拦不住。”了解自己弟子的黄彦华看人看问题很达观。

一年之后，郭文珺自己回到了军体校。在商场卖服装一年的经历让她明白，卖衣服这份工作好多人都能做，但不是每个人都能从事射击这个职业。自己会打枪，也还年轻，为什么要放弃？一年的打工生涯让她认识了社会，知道了什么是浮躁，知道了专注做事业的可贵。从那以后，射击在她的眼里不再是枯燥的训练，而是值得倍加珍惜的事业。两年后，22岁的郭文珺入选国家队。

情绪波动，曾想退出国家队

从入选国家队到夺得奥运会金牌，两年的时间里，郭文珺又遇到一番波折。她在国家队的事业很顺利，国家队的教练对她也很好。但她一度想退出国家队。据称，14岁进入专业队后来又被选进国家队的她曾因为不希望家人探望她，2007 年一度打报告要退出国家队。不过，还是她的教练黄彦华说：“她退出国家队的风波有她性格上的因素，比如，她一旦想做事就要尝试。也有她这个年龄女孩子特有的一些问题。比如，情绪一阵好，一阵低落。低落的时候，某件事情可能会成为导火索，导致她作出一些匪夷所思的举动。”但郭文珺打退堂鼓却是事实，她自己也承认，“以前确实曾打过报告想离开国家队。感谢帮助我的领导和教练，我非常感谢他们的帮助与教育，让我能在比赛中展示自己，证明自己，为祖国争光。”

应该说，现在的郭文珺已开始变得成熟起来。2008 年 5 月份四川地震时，西安也有余震，正在备战奥运会的郭文珺非常想家，很想请假回去看看家人，但她还是以奥运为重，控制了自己的情绪，坚持备战训练。家人为了不打扰她，只用短信向她报平安。

陈 颖

——射击女子 25 米手枪冠军

身　　高：1.64m

体　　重：65kg

性　　别：女

出生日期：1977 年 11 月 4 日

籍　　贯：北京

重压之下冷静沉着　　倔犟陈颖脱颖而出

春节临近，京郊怀柔的北京射击场里寒气逼人。50 米靶场里不管是练步枪还是手枪的男孩子们都开始“磨洋工”。只见一个人，穿着厚厚的羽绒服，一次次举枪，似乎身旁的一切嬉笑打闹都跟她全然无关。这个练手枪的人回转身来，你才发觉是个女孩，秀气的五官和温柔的话语可以证实。只要有枪声一响，她的声音立刻被淹没了。她就是陈颖。

陈颖是一个矛盾的混合体。这个 31 岁的北京女子长着一张看上去不会发怒的脸，清秀、安静，一笑脸上就会漾出两个甜甜的酒窝；说话的时候和绝大部分京城的女孩子不同，声音小小的，柔柔的，缓缓的；敏感的神经更像南方女子，身边的一草一木都能让她感怀，如同她的文字，细腻而感性。

可她却不怎么喜欢秀美精细的气枪，拿着气枪在10米馆里，她总是很难找到她喜欢的那种刺激。她钟爱那把又黑又沉的标准枪，火药把子弹推出枪膛的时候，她很享受那种脆响和震动。25米运动手枪资格赛分慢射和速射，决赛全部是速射，对于基础实力相差无几的世界级枪手来说，起决定性作用的就是速射。在短短3秒时间内扣出一发子弹，需要镇静、果敢，曾经有业内人士说，速射好的人，一定是能狠得下来的人。

陈颖就是这样的人。她的速射水平在当今世界几乎是最高的，藏在柔弱外表下面的，正是一颗坚强的心，只不过这颗心，也时常有彷徨和不知所措的时候。

在今年“好运北京”射击世界杯对陈颖的简单采访中，陈颖向记者“透露”：“我是一个慢性子，对很多事情都不是特别着急。”但是慢性子却喜欢“刺激”和富有紧迫感的“速射”，这的确有点不可思议。对此，陈颖解释道：“我就是喜欢那种一气呵成的感觉。”

在北京奥运会获得金牌后，陈颖高兴地在靶位上跳起来，欢呼：“耶!!!!”

这个地道的北京姑娘，原本能说会道，甚至淘气得让人有些头疼，但是，在遇上手枪之后，她“沦陷”了，一场跌宕起伏的“恋情”一谈就是十八年，其间，枪就是她的一切。为了它，陈颖宁愿变成陈“静”；为了它，陈颖情愿经历从巅峰跌落冰谷的苦痛……陈颖的痴情，终于打动了冰冷的手枪。2008年8月13日，女子25米手枪决赛场上，“人枪合一”的最高境界为我们映出了一道绚烂的风雨彩虹！

一、淘气小丫与枪结缘

陈颖的父母都是下乡知青，当年曾到黑龙江插过队。正是这个原因，小时候的陈颖对那个年代的事情特别感兴趣，喜欢看梁晓声的小说，总缠着父亲给她讲插队时的故事。小时候的陈颖并不像现在这样稳重，她开朗、淘气、喜欢运动，性格也像个男孩子。

陈颖家的老房子在崇文区，与崇文青年业余体校只有几条路之隔。1990 年，因为淘气，陈颖被母亲张志敏送到了崇文区青少年业余体校，想让她吃点苦，“治治她”。体校中的射击班，大大吸引了当时只有 13 岁的陈颖。父母见女儿感兴趣，也便没有阻拦。但谁也没有料到陈颖从此已开始了自己的职业生涯，18 年未改。

在崇文业余体校学习期间，能吃苦的陈颖博得了教练秦彰的喜爱。从那时起，陈颖就已经开始参加区里、市里举办的青少年业余射击比赛。“虽然不是特别突出，但单组成绩稳定，而且逐步都在提高。”时任北京射击队教练的冷树彬至今仍庆幸自己有一双慧眼，识得了一匹千里马。

按照规定，北京射击队的队员基本上有两种来源。一是由下面各区体校选送，还有就是射击队教练直接挑选。从开始关注陈颖，冷树彬多次找到陈颖的启蒙教练秦彰了解陈颖情况，看陈颖的考核成绩。这样观察了近一年，1994 年，陈颖正式被调入北京射击队，完成一名业余运动员向职业射击选手的转变。

二、金牌是实力的反映

陈颖主攻的是两项——10米气手枪和25米小口径运动手枪，两项中更好一些的是25米小口径运动手枪。1998年，王金富调整为陈颖的教练。在当年的全国系列赛中，陈颖以小口径运动手枪首次进入全国前八之列，1999年获得了全国第二，之后又连续两年夺得全国系列赛的冠军。

“陈颖的稳定性、协调性很好，沉稳，肯吃苦，是块射击的料。”王金富说，陈颖的性格其实比较开朗，但一到训练时便一言不发，一枪一式地不停举枪、瞄准、击发，从不走神，不轻易受外界影响。所以尽管同样是一个小时的训练量，陈颖的训练效果却与别人大有不同。

2001年3月，成绩稳步上升的陈颖被时任国家射击队总教练的许海峰纳于麾下，那年她24岁。不久，她就玩了个石破天惊，在年底的第九届全国运动会上，面对陶璐娜、王丽娜等好手，“新人”陈颖发挥出色，摘走了10米气手枪的金牌。赛后，许海峰和王金富都认为，陈颖夺冠是“超水平发挥”。但3天后25米小口径运动手枪的比拼，陈颖让所有人见证了自己的真正实力。

在25米小口径运动手枪的决赛中，陈颖以超出第二名7.5环的傲人战绩夺取金牌。她用金牌证明了自己的实力。在这一届全国运动会上，陈颖一战成名，成为继王义夫后第二位在一届全运会上夺得两枚金牌的射击运动员。

三、“新人王”败走雅典

一时间，社会、媒体的肯定和褒扬扑面而来，在此后的国际大赛中，陈颖也是状态奇佳，屡屡折桂。当时人们普遍认为，陈颖已经大有取陶璐娜，成为“女子手枪第一人”的趋势。许海峰也曾表示，他有信心在雅典至少带出一名新的奥运冠军，希望最大的正是陈颖。

但老天却和陈颖开了个不大不小的玩笑，雅典成了这个“新人王”最大的“麦城”。2004 年雅典奥运会前，作为中国最有机会夺冠的选手之一，陈颖参加了那届奥运会的热身赛。在资格赛中，陈颖打出 593 环的成绩，与世界纪录只差一环，最终获得了亚军。

但是，在几个月后的奥运会决赛中，陈颖前几枪打得并不理想，虽然后几枪中打出了两个 10.8 环，但最终还是与奖牌擦肩而过……虽然赛前她曾说过，“只要尽力了，拿金牌也正常，不拿也正常”，但此次失利还是让陈颖的情绪跌落至低谷。

除了射击事业遭遇了滑坡，陈颖的家里也遭遇了变故。母亲在她备战奥运的过程中被确诊为乳腺癌，并经历了一场大手术。无论是训练的病痛，还是赛场的失利，都没有让陈颖落过泪，但面对病中的母亲，泪水再也无法抑制。

沮丧、失落、迷茫、歉疚，陈颖的心里百味俱全。

四、倔姑娘从头再来

已经 27 岁了，手中的枪，究竟是放下还是继续端起？失利后的陈颖面临抉择。“已经有 14 年了，就像和一个人相处了十 多年一样。”陈颖和枪早就感情深厚了，她根本放不下。射击运动给陈颖带来的喜怒哀乐，无法用语言表达。

陈颖曾毫不避讳地表示，爱上射击就好像喜欢上一个人，爱上一个人的时候，就会爱屋及乌去注意他的一些喜好，效仿他的一些做法。对于这把枪来说，陈颖对它的感情，占据了她前半生，“可能会比爱一个人投入的感情更多”。陈颖称，如果让她再选择一次，她还会选择射击，因为她属于比较痴情的那种人。

尽管遭遇了人生低谷，但陈颖没有气馁，挫折使她不断成长。培根曾说，成功往往在于紧要关头的再坚持。默默耕耘的人总会有收获，2005 年，陈颖在射击世界杯美国站中夺冠，2006 年的亚运会和射击世锦赛上，她又顺利折桂，最终她成功获得了 2008 年北京奥运会的入场券。

五、大战前的彷徨

2007 年，对于枪手陈颖来说，无疑是最完美的一年。世界杯、世界杯总决赛、选拔赛，她几乎战无不胜。然而，随之而来的不是强大的自信，而是踩在半空虚飘飘的感觉。

从曼谷的世界杯总决赛回训练基地之后，她一个人坐在飞碟靶场的看台上发呆，对成绩的“心虚”、对家人的思念，压得她喘不过气来。神经敏感的人往往也是执拗的，这样低落的情绪直到冬训才开始好转。在那之前，心理专家设计的精力集中度的测验题，她只过了一关，后来，她就能过三关了。

2008 年 4 月，“好运北京”世界杯赛，奥运会前的测试赛，作为 2007 年度的国际射联最佳女枪手，陈颖毫无疑问是最大热门。结果，她在擅长的决赛中成绩大失水准，只有 196 环，但是每组 5 发的弹着密度非常好，只是整体偏离靶心。

“那是今年的第一场比赛，有技战术安排包含在里面。”她在13日的比赛结束之后说。实际上，这事事出有因。雅典奥运会之前，她在测试赛上打出了接近世界纪录的成绩并夺冠，但在随后的奥运会比赛中，却与奖牌擦肩而过。

然而，在那之后的两场世界杯，真正让她感受到了近几年未曾有过的挫败感。慕尼黑站，是她要求自己打出好成绩的比赛，但是“想要成绩的时候就是要不出来”，资格赛和决赛都比她的正常水平差了不少，结果只是获得第五。紧随其后的米兰站更是不堪回首，577环的资格赛成绩是她参加国际比赛以来最低的，只排在第19位，更不走运的是，裁判报错了她的成绩，平白无故少了2环。所有这些都让她再次陷入压抑中。

“我几乎没有遇到过那样的挫折，回来以后，我的情绪特别不好，压抑，焦虑，我不想跟任何人说话，有时候就想一个人呆着，一个人训练。我觉得如果这样的情况下还开玩笑或者很开心，我会觉得自己是不负责任。我需要全部投入去准备比赛。”

在她宿舍的床头，摆着四幅水彩画，有动物，有人物，有风景，那是她买了印好图案和色号的画板一点一点描出来的，其中一幅写着08.06.18，另一幅写着08.07.14。训练之余，她就用画画来消磨时间、打磨心绪。直到2008年8月13日第二次站上奥运赛场，她终于磨出了一颗坚强、勇敢的心。

六、成功的秘诀

2008年7月8日，对弟子念念不忘的王金富教练来到国家队，陪同陈颖训练了一周。回来后，当记者询问陈颖的备战状况时，年过花甲的王金富突然神秘地摆了摆手，“只能告诉你两个字，‘正常’”。而到了 8 月 13 日，这个答案终于揭晓了——射击赛场上诞生了一位 31 岁的奥运冠军，与枪苦恋了 18 年的陈颖，赢得精彩！

决赛时，陈颖的稳定发挥折服了所有现场观众：“我今天没有多想，尽管落后，但我坚信只要踏踏实实一发一发，做好自己就行了。而且我觉得今天场上观众特别配合，这使我打枪的时候非常冷静，这样我就觉得心里很踏实。”

在 8 月 13 日上午的资格赛上，蒙古选手奥特里亚德·项德格玛凭借着快射三组 299 环仅丢一环的优异表现，以 590 环平奥运会资格赛纪录的成绩排名第一；德国人蒙赫巴亚尔排名第二，成绩为 587 环；陈颖的资格赛成绩为 585 环，排名第三，落后第一名 5 环；费逢吉为 582 环，名列第七。陈颖和费逢吉携手闯进了最后的决赛。最终陈颖以了 793.4 环的成绩获得金牌，蒙古选手奥特里亚德·项德格玛以 792.2 获得第二名，德国选手道尔吉苏伦·蒙赫巴亚尔以 788.2 环获得第三名。

决赛是 20 发连射，一共分为四组，每组打五发。在第一组比赛中，蒙古选手表现出色 ，打出了 51.1 环。但长于速射、热爱压力的陈颖表现更加出色，第一组打出 52.2 环，追上了 1 环。费逢吉同样表现不俗，打出 52.4 环。第一组五发过后，陈颖的成绩上升到第二位，费逢吉由第七位上升到第四位。

第二组比赛开始了，陈颖状态上佳，打出了 53.1 环。蒙古选手打出了 51.1 环，费逢吉打出了 51.3 环。这样第二组比赛结束过后，陈颖的成绩达到 690.6 环，与蒙古选手相差不到 2 环。费逢吉也追平了德国选手，并列排到第三位。中国两名选手在决赛中找到了状态，前景十分乐观。

第三组比赛开始了，陈颖状态依旧稳定，打出了 52.5 环。这时一个偶然事件出现了：蒙古选手奥特里亚德·项德格玛由于枪支出现故障，要重新装上子弹再射。在射击这种高精度、强压力的比赛中，任何一点风吹草动都有可能对选手的成绩造成很大的影响。这个变数显然影响了蒙古选手的发挥。由于压力过大，调整不及时，蒙古选手这一组发挥得十分不理想，五发中有三发都在 10 环以下。这样，陈颖凭借出色的发挥在第 3 组过后成功超越了这名蒙古选手，以领先 1.9 环的成绩，排在了第一位。费逢吉打出了 50.8 环，掉到了第四位。

最后一组比赛开始了，陈颖继续保持稳定的状态，这一组打出了 51.3 环的成绩。蒙古选手则继续低迷，仅仅打出 51.0 环，费逢吉打出 51.4 环。最终陈颖夺得了这项比赛的金牌，蒙古选手奥特里亚德·项德格玛获得第二名，德国选手道尔吉苏伦蒙赫巴亚尔获得第三名，费逢吉以 787.9 环的成绩排在第四位，仅落后德国选手 0.3 环。

陈颖不仅拿下了冠军，而且打破了奥运会女子 25 米运动手枪决赛的记录。比赛时，陈颖在每结束一组 5 发子弹后，都会拿出一个小本本记录自己的成绩，活像是平时队里的一个普通的练习赛。陈颖真正做到了“把训练当比赛，把比赛当训练”，让自己的心态平稳，这也许就是陈颖成功的秘诀吧。

七、歉疚

2008 年 8 月 13 日下午赢得北京奥运会女子 25 米运动手枪金牌之后，她几乎一刻都无法停下来，从混合区到颁奖仪式到新闻发布会，直到 1 个小时之后，躲到药检室里，她才终于能够给家里打电话。可是家里的电话此时就像热线一样，得了冠军的女儿也得不到任何优待。打了好几次，她才终于挤了进去。

“妈！”

“唉，陈颖啊……”

母亲的第二句话还没说出来，已经是泣不成声。

“你啥时候能回家啊？妈妈病了……”

女儿的心瞬间被揪起来了，哽住了几秒钟之后，她才终于说出话来。

2002 年，为了争夺雅典奥运会席位，射击队转战上海封闭集训。拿到奥运席位回到北京后，陈颖才得知母亲半年前就被确诊为乳腺癌并经历了一场大手术。这几年情况都还好，可是她万万没有想到，就在最近这几个月，母亲体内的癌细胞转移到了淋巴，只能去做化疗。

“一个疗程是两到三个星期，已经做到第四个了。他们竟然瞒我瞒得那么好。2002 年动手术的时候也是这样，全家都跟我说谎。就没多久以前，我给她打电话，老太太还说在天津玩儿呢！”

“她说，‘我们在天津玩儿呢，我同学还说我，女儿都要打奥运会了，你们还有心思上这儿玩儿来，我告诉他们说，咱心态好，她打她的，我们玩儿我们的’。说得真真的。我一点都没怀疑。”

当一切尘埃落定的时候，母亲再也控制不住自己的情绪。可是女儿一着急，母亲马上就说：“没事啦！已经好多了，放心吧，没事！”

“就想回去看看我妈，”陈颖的眼睛里泛着泪花。很多年以来，对于一直一门心思照顾着一家人生活起居的母亲，陈颖总是既心疼又愧疚。

没有家人的全力支持和无私付出，陈颖恐怕坚持不到今天。沉甸甸的金牌里也满载家人的祝福与期待。

八、安心

都说婚姻是女人第二次投胎，陈颖第一次投胎有了善良勤恳的父母，而第二次投胎则找到了一个可以安心倚靠的肩膀。

“老公，我爱你。”这是她记忆中第一次这么直白地表达自己的感情。“今天早上，我就是特别想说，说出来之后去打比赛觉得特别安心。”

比赛前一天，陈颖回到射击场公寓，晚上，夫妻俩通了个电话。

陈颖说：“我跟他说，我要是失败了怎么办呢？我真的特别想拿（金牌）。他说，没关系啊，有我呢，失败了就回家，在家里你还是一样的。听他说完这句话，我觉得心一下子就落下来了。”

第二天早上，丈夫按约定的时间把她叫醒。陈颖说：“他说，他两点就醒了，一直没睡着，我就乐了，我还睡得挺好的，紧张都跑他那儿去了。他一紧张，我倒是一点不紧张了。”

陈颖的丈夫和射击一点关系都没有，但是他却能包容和理解妻子为此付出的一切。陈颖说：“有他，我觉得特踏实。”

“现在真的跟以前很不一样了。以前就是我自己的父母和家人，现在我有两大家子的家人，他们所有的人都跟我说，不管我打得怎么样都没关系，让我放开打，放心打。我真的觉得特别安心，我知道就算我失败了，回家之后是女儿还是女儿，是老婆还是老婆，是儿媳还是儿媳，我就是家里的一分子。”泪水又一次在她的眼眶里徘徊。

由于备战奥运会，早已登记的他俩迟迟没有举办婚礼。在完成了奥运心愿之后，他们将用一场婚礼来迎接新的生活。

2009年年初出现在北京市政协会场上的陈颖，满脸幸福，正在静静享受着腹中小宝宝成长的快乐呢！衷心祝愿这个文静秀美的北京女孩生活幸福！

杜　丽

——射击女子50米步枪三姿冠军

身　　高：1.70m

体　　重：55kg

性　　别：女

出生日期：1982年3月5日

籍　　贯：山东

“杜”过难关　美“丽”绽放

杜丽是个爱笑的女孩。她那标志性的甜美笑容，曾伴随着她的一次次成功将人们打动。然而，2008年8月9日，承载着夺取北京奥运会首金重任的杜丽，被过重的压力击倒，在主项10米气步枪比赛中发挥失常，卫冕失败，仅获得决赛第五名。痛失首金后，满脸的泪水夺走了杜丽的笑容，她泪流满面地逃离了现场。从走下赛场那一刻起，这个爱笑的女孩就始终难以抑制自己失落的泪水。4天里，杜丽不愿意出门，不想见到认识的人。曾经满是笑容的脸上，也变得没有任何表情。为了让杜丽能够找回从前的笑容，教练特地准备了一面镜子，只要她总板着脸，就把镜子放在她面前照照，让她看看自己这个样子有多糟糕，让她知道这样的情绪对后面的比赛很不好。只有这个时候，她才会勉强对着镜子里的自己笑一笑。

一、美丽枪神重登赛场

2008 年 8 月 14 日上午女子射击 50 米步枪三种姿势的决赛预赛开始，经过 4 天调整的杜丽重新站在了射击场上。

2008 年 8 月 31 日，笔者吴京辉与杜丽在去往澳门的渡轮上

在预赛前的试射中，杜丽成绩不太好，教练王跃舫示意她停下来，但她认为自己没有打错，于是任性地没有听从教练的指令，继续射击。着急的王跃舫教练不得不通过现场裁判阻止了杜丽的试射，强行把她叫了下去。对教练的干预，杜丽当时很不冷静，冲着王跃舫发火，双方发生了口角。结果证明：杜丽当时确实有点糊涂——在边上的王跃舫教练已经发现杜丽的枪有点小问题，而杜丽还浑然不知，所以她让杜丽停下来校验枪械。虽然杜丽冲着教练

发火，但深知她脾气的教练却没有生气。教练认为，心情急躁的杜丽是在用这种方式宣泄自己的情绪，这可以让她在决赛中放松下来。类似这样的事情在奥运会开始前几天也发生过，当时杜丽在训练时，总教练王义夫发现杜丽的枪没有调试好，也曾经亲自上去帮杜丽调试。

当局者迷、旁观者清，王跃舫坚决喊停“挽救”了杜丽。结果杜丽发挥稳定，预赛最终成绩589环，平了奥运会纪录，在八名决赛选手中位列第一。紧随其后的古巴选手克鲁斯和哈萨克斯坦选手多夫贡成绩相同，与杜丽仅相差一环。而排在前八名选手之间也只有4环的差距。显然，决赛时的争夺将会非常激烈。

二、完美演出为自己正名

决赛在2008年8月14日下午进行。根据奥运赛制，决赛将进行10发子弹的击发，所有选手都采用难度最大的站姿，以决赛成绩加上资格赛成绩的总和来决定最终的名次。

第一枪，杜丽发挥不好，只打出了8.7环的成绩，令所有在场的中国人都不由得倒吸了一口凉气。而克鲁斯和多夫贡分别打出10.3和9.9环，8月9日成功夺得奥运首金的捷克选手凯特琳娜·埃蒙斯更是打出惊人的10.7环，杜丽的名次一下跌落到第3位，让人不由得担心她是否会重新陷入5天前女子10米气步枪决赛时的梦魇。

幸好第二枪，杜丽的状态调整得非常迅速，她打出10.3环，排名上升至第二位，还落后克鲁斯0.4环。埃蒙斯则打出10.1环，继续自己的追赶步伐。

第三枪，杜丽延续自己稳定的发挥，打出了10.4环的成绩，排名重回第一，而之前排名第一的古巴选手克鲁斯出现了失误，仅仅打出了9.3环，埃蒙斯本轮再次打出10.7环，进一步缩小了与杜丽之间的差距。

第四枪，杜丽发挥一般只打出了9.8环，而埃蒙斯再次打出惊人的10.6环，排名已经上升至第二位，落后杜丽仅仅只有0.1环了。比赛再次变成杜丽与埃蒙斯的正面交锋。历史总是有惊人的相似之处。如同首金的争夺一样，埃蒙斯再次向中国队计划内的金牌发起了冲击。

关键的第五枪，杜丽的发挥依旧不够出色，只打出了9.9环，好在埃蒙斯这枪打得也不怎么样，只有9.7环，古巴选手克鲁斯则凭借着本轮10.5环的成绩排名重回第一。赛程过半，杜丽排名次席，落后克鲁斯0.1环。前五位选手之间的最大差距也仅有0.5环，竞争果然非常激烈。

第六枪了，这次，杜丽终于打出漂亮的一枪，10.8环！这个超好的成绩也让她重新夺回了第一的位置，尽管埃蒙斯不甘示弱打出10.6环，但距离杜丽已经有了0.5环的差距，而克鲁斯本轮打出10.2环，只能与埃蒙斯并列排名次席。

第七枪，杜丽的状态越来越稳定，她和埃蒙斯均打出了10.0环，两人依旧排名前两位。而压力过大的克鲁斯发挥失准，本轮仅仅打出了9.0环，排名跌至第四位。

第八枪，杜丽继续打出10.1环这个不俗的成绩，而埃蒙斯尽管在杜丽成绩出来之后才选择击发，但她仅仅打出了9.5环。凭借着本轮0.6环的优势，杜丽将领先优势扩大为1.1环，冠军开始向中国姑娘招手。

第九枪，杜丽自信满满，再次留下让人惊艳的表演，她再次打出了10.8环这一决赛的最好成绩，将领先优势进一步扩大。而重压之下的埃蒙斯本轮发挥不好，仅仅打出了9.6环，排名跌至第四位。冠军基本上已经被杜丽收入囊中。

第10枪，没有悬念！杜丽沉着冷静地打出10.5环这一非常优异的成绩，牢牢地锁定了冠军！埃蒙斯凭借最后一轮的10.2环获得亚军。杜丽VS埃蒙斯，这对老对手的再次交锋，以杜丽笑到最后告终。

虽然50米步枪三姿并非杜丽的强项，但她却凭借优异的发挥，一扫前几天的阴霾，以690.3环这一打破奥运会纪录的总成绩，为自己正名，也为中国代表团赢得了北京奥运会的第19枚金牌！

三、“今天的眼泪和9号的肯定不一样”

赛后，杜丽再次泪洒当场。不过与几天前完全不一样的是，这次的眼泪是激动和喜悦的泪水，泪水后面，是她再次绽放的美丽笑容。她自己说：“第一次流泪，是因为气枪比赛有些遗憾，当时不是因为拿不到金牌难过，而是很多人都在关心我，我觉得对不起大家。今天的眼泪和9号那天肯定不一样，几天来无数人的支持、鼓励让我坚信，我不能放弃！今天我终于赢了！”

再次站在奥运会冠军的领奖台上，杜丽享受着千余名观众热情的欢呼。这一天和四年前她夺得雅典奥运会10米气步枪冠军时一样，也是8月14日。

现场观众给杜丽最大的鼓励和关爱。从资格赛到决赛，看到杜丽越打越好，不时有观众忘情地欢呼。比赛结束后，当杜丽眼含热泪向观众鞠躬，表示感谢时，人群中“杜丽！杜丽！”的欢呼声此起彼伏，人们真诚地祝福杜丽走出阴影，重新找回自信和快乐。

杜丽还感受到了对手的温暖。首战夺取金牌的捷克美女枪手凯特琳娜·埃蒙斯，和杜丽惺惺相惜。说来凑巧，她们都是因枪结缘，都与射击选手擦出爱情的火花，一个的男友是中国射击队的队友，一个的丈夫则是美国射击名将埃蒙斯。

“气枪打完后，凯特琳娜给了我一个拥抱，鼓励我。我很感动。”杜丽说。在杜丽夺金后，她偷偷地塞给凯特琳娜·埃蒙斯一件小礼物。凯特琳娜·埃蒙斯看了一下，会心地笑了，然后塞在口袋里。也许，那是她们之间的小秘密，她们友谊的一个小序曲。

五天不长，但却让杜丽感觉到从天堂到地狱，再回到天堂。国歌奏响，国旗升起的那一刻，杜丽大声地唱着国歌，那一刻，她是最美的。

四、靠封闭训练和信息回避渡过难关

夺冠后说起这些天经历的艰辛，杜丽感慨：“这 4 天比我备战 4 年难熬多了。”

2008 年 8 月 9 日，冲金失利后的杜丽立即从奥运村搬回到了北京射击场熟悉的家。根据教练的安排，她选择住在一个封闭式的小屋子里——没有电视、电脑、电话，队友的成绩对她“保密”，杜丽每天要做的就是平复心情，专心训练，备战后面的比赛。“不去管别人，就按照自己的训练计划认真练，把外界干扰降到最低。”这就是杜丽的教练在她首金失利后，为杜丽量身制定的训练计划。

“感觉这些天过得真的特别艰难，我记得有一天训练时我又打出了一组很一般的成绩，当时我都想放弃了……”杜丽回首这黑暗的 4 天，恍如隔世。“但是，当时还是有很多人在支持鼓励我，特别是很多志愿者给我送卡片，令我非常感动，很高兴，我今天坚持下来了！”

尽管只有短短 5 天，但在杜丽心里，这个回忆却刻骨铭心——“因为我战胜了自己！”26 岁的杜丽如是说。

五、练习射击缘于爱枪

杜丽的启蒙教练、今年 37 岁的周士兵，曾经在山东省临沂体育学校学习了四年射击，毕业之后到沂源县竞技体校从事射击教学工作。1994 年，淄博市召开第 13 届运动会，那时的体校缺少射击队员，周士兵需要队员去打团体比赛，却因为人手不够而苦恼不已。在一次体校到杜丽所在的历山中学挑选苗子为市运会做准备的时候，周士兵和杜丽第一次见面了。

“那个时候觉得杜丽是个很普通的小姑娘，留着一头短发，在人群中也不起眼。和她一起被选中的一共有 20 多个小队员，年龄都在十二三岁左右。”周士兵说，“当时的杜丽并不是很突出，我也没有非常留意她。但是随着训练的进行，发现这孩子对射击非常执著，和她同批的小孩很多人都选择了放弃，只有她坚持到了最后。”

周士兵当时可能并不知道，杜丽出现在自己的面前，是缘于她对枪的喜爱。杜丽家中的男性，几乎不是警察就是军人，这使得杜丽从小就对穿军装、佩戴手枪这一形象崇拜不已。在接触射击之前，杜丽几乎对射击一窍不通，当时杜丽的母亲齐玉珍也并不同意女儿去练射击，反倒是杜丽的外公齐登云替女儿和外孙女做出人生最重要的一次决定。老人给齐玉珍分析说，杜丽学习不是太好，即使将来考上大学，也不一定能有建树，让她学习射击，说不定日后还能有另外一条出路。就这样，在外公的支持下，12岁的杜丽终于得以举起她梦寐以求的枪。

六、进国家队竟凭运气

射击是一项既奢侈又艰苦的运动项目，一杆步枪要花费人民币两万多元，运动员身穿的比赛用的皮衣需要2000块钱，每天学员打掉的子弹都需要数百元。而训练过程更是让年幼的队员们叫苦不迭，有的时候经常需要保持一个姿势好几个小时，训练中手脚抽筋更是家常便饭。

那个时候杜丽每年练习射击的学费大约需要六七千元，但是家中母亲下岗，父亲是个老公安，每个月只有1千多块的微薄工资，这让全家感受到了很大的经济压力。好在杜丽非常懂事，她用坚持不懈的刻苦训练来回报父母的支持。

“杜丽这孩子非常要强，只要她认准的事情，她一定会坚持做下去。为了她认定的目标，无论遭受多大的挫折和打击，她都不会放弃。”周士兵说，“所以我觉得她最后的成功，就在于她的不断坚持和努力”。

从1994年入队训练之后的第4个月，杜丽第一次参加市里的比赛，就取得了第三名的好成绩。此后她一步一个脚印，训练和比赛成绩也飞速提升，1996年进入淄博市体校，1998年走进山东省射击队，2002年2月又跨入国家队门槛。

不过说起进入国家队的经历，可能外界并不知道，杜丽成为国家队员缘于一次偶然。2002年的一次国家队集训，队员高建章因病无法按时到国家队报道，杜丽幸运地成为高建章的替补第一次入选国家集训队。事实上当时杜丽如果晚到国家队一天就将失去这次机会，因为高建章在杜丽到国家队的第二天就打去电话表示可以去国家队，或许冥冥之中注定杜丽在那一刻将迎来人生的转折点。

七、从不被看好到雅典圆梦

2004年8月14日北京时间11时40分，雅典马可波罗奥林匹克射击中心，奇迹在这里诞生！年仅22岁的山东姑娘杜丽在气步枪个人决赛中，最后时刻反超俄罗斯选手加尔金娜，为中国代表团获得了这届奥运会的第一枚金牌。

鲜花、掌声、欢呼……在这些背后，谁又能知道凝结了杜丽多少血汗和泪水，十年拼命的训练，造就了神枪女侠的奥运圆梦。事实上在奥运会之前，杜丽并不为外界看好，因为和她同时参加10米气步枪决赛的河北选手赵颖慧，承担着更多的焦点和关注度。而且奥运之前，外界几乎没有多少人知道杜丽这个名字，尽管此前杜丽已经获得了2002年釜山亚运会的3×20个人、团体冠军，2003年克罗地亚世界杯女子气步枪个人冠军，并打破了世界纪录，但是赵颖慧成名较早，加上选拔赛时成绩的出色使得外界把更多的期待放到了赵颖慧的身上。

2004年成名之后的杜丽，却不像有些明星那样张扬，依然保持着一种宠辱不惊的淡定与低调，依然延续着自己一成不变的“三点一线”的生活。2006年获得世界射击锦标赛女子气步枪冠军，多哈亚运会女子气步枪个人赛夺冠之后，杜丽实现了世界比赛的“大满贯”，技术水平也日臻成熟，从实力上来说已成世界第一人。

这个时候的杜丽，依然拿着每个月两千多块钱工资，支撑她每天在训练场上默默举枪的是2008年北京奥运会，她踏上的是另一条新的征程。在奥运备战期间，杜丽一直非常低调，并不希望受到外界干扰。有一次杜丽因为母亲没经过自己同意就接受媒体采访而大发雷霆，当时杜丽非常不高兴，在电话中冲母亲发了火。过后杜丽觉得自己脾气有点过火，又打了电话给母亲道歉，从这件事不难看出杜丽对北京奥运会这块金牌的渴望。

邱　健

——射击男子50米步枪三姿冠军

身　　高：1.75m

体　　重：80kg

性　　别：男

出生日期：1975年6月25日

籍　　贯：江苏淮安

幸运金牌从天降　　苦练天道终酬勤

男子50米步枪三种姿势是北京奥运会射击项目的最后一个项目。该项目原来一直都是欧美选手的地盘，但上届奥运会幸运的贾占波依靠马修—埃蒙斯最后一枪射错靶“送大礼”赢得一枚金牌。此次，贾占波在资格赛中便因为发挥失常仅列24位而无缘决赛。另一位中国选手邱健表现不错，后程发力以资格赛第4名身份晋级决赛，比资格赛排名首位的2000年悉尼奥运会冠军斯洛文尼亚名将德贝韦茨的成绩少了3环。在决赛中，射手以立姿每人射击10发子弹，每发子弹的规定时间为75秒，单发最好成绩10.9环。资格赛成绩和决赛成绩之和将决定选手们的最终排名。

一、金牌从天而降临

第一发，邱健打出10.2环，发挥极其出色，排名八位决赛选手的头名，将自己与资格赛排名第三位的乌克兰选手苏霍鲁科夫之间的差距缩小到0.3环。斯洛文尼亚名将德贝韦茨则发挥失常，打出7.7环的糟糕成绩，被埃蒙斯反超1环并退居次席。第二轮，邱健略有起伏，仅打出8.8环，不过依然领先第5名的法尔尼克有1.6环；埃蒙斯和德贝维茨都是10.2环，因此埃蒙斯依然以1环优势领跑。

第三轮，邱健和埃蒙斯都打出10.5环的优异成绩，而德贝维茨又打出一个7.9环的低环数。本轮过后德贝维茨落到了第4位，邱健仅落后苏霍鲁科夫0.3环，排名第三。第四发，邱健延续良好状态，打出10.6环，从而升至次席，落后本轮打出10.1环的埃蒙斯有2.4环。第五轮，邱健打出9.3环，在半程过后被乌克兰的苏霍鲁科夫反超0.4环退到第三，埃蒙斯则又打出10.5环的成绩，此时他的领先优势已扩大到了3.2环之多。

第六枪，邱健打出9.4环后与德贝维茨并列第三，埃蒙斯则继续扩大优势，领先排名次席的苏霍鲁科夫4.1环。第七发，邱健的10.2环让他又独占第三名的位置，落后苏霍鲁科夫0.3环，埃蒙斯的优势仍然达到了4.0环之多。第八轮，邱健10.3环将自己与乌克兰老将的差距缩小到0.1环，埃蒙斯则以3.9环优势继续遥遥领先。第九轮，苏霍鲁科夫与邱健同为10.4环，这也意味着两人在进入最后一轮之前仅有0.1环的微弱之差。埃蒙斯则带着3.3环的巨大优势等待金牌的到来，再一次，他离奥运金牌只有一步之遥了！

然而，历史总是有惊人的相似之处。如同四年前雅典奥运会一样，第十枪，也是决赛的最后一枪，令人瞠目结舌的一幕再次发生：4.4环！不可思议的埃蒙斯竟然莫名其妙地打出了4.4环这一对于射击高手来说几乎是不可能的超低成绩！他再次与金牌擦肩而过。最后，时隔四年后再现噩梦的马修—埃蒙斯仅以1270.3环的成绩获得第4名，痛失奖牌。

而幸运的邱健则延续了神勇的状态，在最后一枪打出10.0环，凭借稳健的发挥，成功反超乌克兰选手苏霍鲁科夫0.1环，以1272.5环的总成绩登上了最高领奖台，“抢”到了这块从天而降的金牌。苏霍鲁科夫以仅落后邱健0.1环的微弱劣势获得亚军，世界纪录和奥运会纪录保持者斯洛文尼亚名将德贝韦茨则以总成绩1271.7环摘得一枚铜牌。

对这块幸运金牌，33岁的老将邱健笑称：“这块金牌幸运占了大部分，但我的努力也能占一小部分吧!”的确，把邱健送上冠军宝座的绝不仅仅只有埃蒙斯这个不可思议的失误。若没有最后4枪连续超过10环的佳绩，没有十七年如一日的苦练和坚持，这枚金牌恐怕不会那么凑巧地“砸”到邱健的头上。

一、成名道路多坎坷

18年前，15岁的邱健入选江苏淮安射击队。一年后，他在江苏省青少年射击比赛中一举夺冠。又过一年，他顺利入选江苏省队。

两年的时间，从业余队到专业队，邱健靠的不是上天赋予的过人才华，支撑他的是对射击的酷爱和勤能补拙的执著信念。

不论是刮风下雨，还是节假日，他都在认真地训练，一练就是一天，从早上7点多钟一直练到天黑才回家。休息日里，别的伙伴外出游玩，邱健孤身一人呆在空旷的靶场。举枪、瞄准、射击、放枪，眼睛疼了，胳膊酸了，仍然不厌其烦地一次次重复相同的动作。

1993年进入江苏省队后，邱健继续发扬在淮安自觉苦练的精神。业余时间，队员们外出休闲、游玩，而他总是一个人扛支枪到靶场默默地练动作，反复体会要领，练稳定性，一次举枪就是一个小时。

功夫不负有心人。入选江苏淮安射击队的一年后，在江苏省青少年射击比赛中，邱健以绝对的优势一举夺得冠军，并破了江苏省青少年射击纪录，1992年在江苏省青少年射击比赛，再破省纪录，登上省冠军的宝座。

在省队呆了整整8年后，2000年邱健终于进入了朝思暮想的国家队，这时他已经25岁，失去了年少成名的机会。入选国家队后，除了2001年世界杯总决赛上那块气步枪金牌，邱健也鲜有辉煌战绩，而2001年射击世界杯总决赛男子气步枪的冠军头衔也并没有让太多人记住他。在雅典奥运会开始前，曾经主攻气步枪项目的邱健，参赛资格被状态奇佳、后来居上的小将朱启南取代；十运会决赛场上他又发挥失常，与奖牌擦肩而过。一系列迹象显示，“大器晚成”在他身上似乎也不太可能变成现实。

北京奥运会前，邱健共参加过三次奥运选拔，但每次都被挡在了门外。2004 年雅典奥运会的落选和 2005 年全运会的失利曾一度让他萌生退意。

二、多年苦练终有收获

一系列打击让邱健消沉了很长时间。他一度有退役打算。所幸，在教练和家人鼓励下，邱健没有放弃。在教练的帮助下，他认真分析了自己的优劣势，逐渐走出了消沉期。2005 年，一直打气步枪的邱健改练步枪三姿，将主攻参赛项目由气步枪调整为 50 米三种姿势和 50 米卧射两个项目。

改练三姿的那一年，邱健已经 30 岁。改练 50 米步枪三种姿势并不容易，立射、跪射、卧射，每种姿势的训练方法各不相同，尤其跪射让习惯站着打枪的邱健饱受皮肉之苦，膝关节磨损严重，外伤变成了内伤。为了帮助邱健尽快恢复，冬训期间国家射击队还曾请来田径队专门为刘翔服务的队医给他治疗，长长的针灸扎满了膝盖，让人触目惊心。

北京奥运会的比赛，邱健以资格赛第四的身份进入决赛。中国步手枪射击队总教练王义夫表示，能夺得奖牌就是完成任务，但邱健却用金牌让中国射击队在北京奥运会上完美收官。

邱健说，比赛时他不管别人，只想打好自己的，让每一枪都不留遗憾。当教练示意他获得了冠军时，这位 33 岁的老将先是愕然，随即喜极而泣。

这块金牌是对他多年苦练的最好回报。

刘子歌

——游泳女子 200 米蝶泳冠军

身　　高：1.81m

体　　重：67kg

性　　别：女

出生日期：1989 年 3 月 31 日

籍　　贯：辽宁本溪

“秘密武器”在水立方爆发　　文静女孩一鸣惊人

自从北京奥运会开赛以来，国家游泳中心“水立方”的 50 米泳池里佳绩频传、世界纪录如薄瓷般不断被轻易打破，但从来没有哪一天像 2008 年 8 月 14 日这一天这样让国人扬眉吐气——在女子 200 米蝶泳决赛中，中国选手刘子歌表现神勇，凭借后半程强有力的冲刺，以 2 分 04 秒 18 的成绩获得金牌，并创造了该项目新的世界纪录。另一名中国选手焦刘洋以 2 分 04 秒 72 获得银牌，同样打破原世界纪录。

一、中国游泳队夺金的两股暗“刘”

雅典奥运会之前，中国游泳队豪言有 5 个夺金点，最后由女蛙王罗雪娟夺得了 1 枚金牌；北京奥运会之前，中国游泳队主动高调“示弱”——没有夺金点，没有世界纪录，没有世界排名第一。这个表态在当时引起了不小的骚动和批评，谁知，北京奥运会游泳赛程过半，中国游泳队的成绩已经超越了雅典的1金1银，刘子歌的金牌更是让游泳队喜笑颜开。也许，在过去的一年半时间里，中国游泳队一直是在努力营造低调的形象，其实却有“秘密武器”在手，期待着水立方的突破。

刘子歌与焦刘洋都是首次参加奥运会，队里也没给她们定什么指标，但事实上，中国游泳队早把她们悄悄列为在北京奥运会上冲金夺冠的两股暗“刘”。

2007年3月的墨尔本世锦赛，中国游泳队仅仅收获1银1铜，当时法国队教练弗盖就说：“中国队是在保存实力，东道主应该能在北京奥运会上拿到10枚左右的奖牌。”可是在那时，我们看到的只是中国队在绝大多数项目上处于大幅度落后，根本看不到希望。

然而，正是在墨尔本世锦赛，中国游泳队已经在低潮中看到了一个夺金点，那就是女子200米蝶泳！当时，焦刘洋在墨尔本只取得这个项目的第4名，但游泳队却在她的身上看到了希望。通过多年来的数据分析，中国游泳队发现自2004年以来，女子200米蝶泳的世界水平始终停滞不前，没有像其他项目那样有顶尖高手冒出，因此把突破口定在了这个项目上。

发现了夺金点，游泳队并没有大肆宣扬，游泳中心副主任尚修堂只是说了一句：“中国游泳不夺金就是历史的罪人。”但消息灵通的媒体很快知道了夺金的希望寄托在哪里，焦刘洋受到的关注度呈几何级数上升，在重压之下，焦刘洋陷入了低迷。

在 2008 年的高原冬训中，焦刘洋的成效并不理想，当时焦刘洋的教练刘海涛说："高原训练不见得是一件坏事，也不要听外界盲目的评价。现在主要是两个方面，一个是诊断，从生理、心理、肌肉等方面检查一下是否疲劳，根据结果做出判断；另外一个就是物理放松治疗，加强恢复，通过'高压氧舱'来放松神经。"

2008 年 9 月 1 日，笔者吴京辉与刘子歌在澳门访问时留影

在 2008 年 4 月的绍兴游泳冠军赛暨奥运选拔赛上，刘子歌战胜焦刘洋夺得金牌，她们的成绩都远远超过了奥运 A 标。当时刘子歌说："我这次想要创造最好成绩，结果比较满意。之前冬训的状态还可以，去了高原两个多星期。"当被问道："你已经多次达到奥运 A 标，去奥运会没问题了吧？"刘子歌默认了："是吧。"

刘子歌在那次的成绩，可以排到世界第 8 位上。此前，她还获得了去年全国冠军赛女子 200 米蝶泳亚军、全国锦标赛冠军，去年她的最好成绩列世界第21位，刘子歌的进步幅度要大于焦刘洋，但焦刘洋在去年的最好成绩排在世界第5位。

当时，刘子歌仍旧处在焦刘洋的光环之下，小姑娘很低调："焦刘洋是目前这个项目上最好的选手，我在她旁边的泳道游，没有什么特别的想法，就是想发挥自己最高的水平，争取最好成绩。"当时，无论是刘子歌还是焦刘洋，都表示自己希望能在北京奥运会上"争夺一枚奖牌"，但是以她们当时的成绩，要实现夺得奖牌的目标也并非易事。

就是在4月的那次比赛中，中国游泳队总教练张亚东宣布"中国游泳没有夺金点"，招致国人骂声无数。在中国游泳队的若干夺牌点中，女子200米蝶泳也并不是很起眼，那时，人们更关注张琳的400米、1500米自由泳、吴鹏的200米蝶泳、赵菁的仰泳、齐晖的蛙泳和女子接力项目。

直到女子200米蝶泳决赛前一天，当张亚东说出："我希望看到两面国旗同时升起，我希望听到奏国歌"的期盼时，相信当时仍然很少有人会把这句话当真。但是24小时之后，大家才恍然大悟，或许我们都被中国游泳队"忽悠"了，"没有夺金点"的"服软"更像是一种战略。

刘子歌成功夺金后，张亚东说了实话："我们早就把这个项目定为突破口，一直以来无法对外公布，是担心提前暴露目标，对手群起而攻之，现在这块金牌拿下来了，我们总算能松口气了。"

在1992年巴塞罗那奥运会上，中国的"五朵金花"摘金夺银，但是当时的世界泳坛大背景是整体水平在走下坡路，而今，在世界纪录被破得稀里哗啦的世界泳坛，中国选手刘子歌的这块金牌意义重大。

二、“秘密武器”拼出金牌

女子蝶泳曾经是中国游泳队的优势项目，涌现过刘黎敏、钱红、王晓红等一大批优秀选手。但是，自从名将钱红在1992年巴塞罗那奥运会上为中国游泳队夺得100米蝶泳金牌以后，16年来，中国女蝶在奥运会上虽不至于毫无斩获，但却一直没能再用金牌证明自己的实力，保持着尴尬的纪录。刘子歌的这块金牌打破了中国女蝶的奥运金牌荒，也是继雅典奥运会女蛙王罗雪娟夺金之后中国队收获的首枚游泳金牌。在中国游泳跌到最低谷之时，年轻的刘子歌，用破纪录夺金牌的完美方式，让中国水军在水立方向全世界做了一个交代。这块金牌，的确意义非凡。

无怪乎刘子歌夺冠后，在场的一众泳坛宿将钱红、罗雪娟等个个激动不已，又哭又笑。

而刘子歌自己在夺冠后却依然表现得从容淡定，脸上挂着淡淡的微笑，一如平常训练归来般平静自然。她说，赛前自己没有想到会打破世界纪录，“其实到现在为止，我还没有确定自己的主项。这个年龄还是打基础的时候，主要任务就是提高综合实力，所以哪个方面都要练练。”

面对众多采访她的记者，她甚至还有些不好意思。“我没有什么争取奖牌的负担，就是想在比赛里拼出自己最好成绩。”刘子歌说，“预赛的成绩已经让我很高兴了，能跟世界名将交手我也很满足，半决赛时，我的最终目标也只是想进决赛。中国游泳运动员的实力并不比别人差，所以，我觉得如果心里有一个梦想的话，一定要去努力实现。”

刘子歌的爆发并非偶然。在4月的奥运选拔赛上，她就力压成名已久的焦刘洋夺得冠军，最先拿到奥运会的入场券。即便如此，刘子歌也没有引起媒体和观众的更多关注。她的成长经历看上去太简单了：2004年进入上海队，2007年进入国家队，2008年首次参加奥运会——这样一个新秀能“速成”为奥运冠军，也只能用天赋和奇迹来解释。

因此，自女子200米蝶泳项目开赛以来，刘子歌就像从天而降的‘秘密武器’，震惊了水立方。决赛中刘子歌发挥自己后程冲刺能力强的特点，在全场观众欢呼声中，最后50米成功爆发，率先触壁拿到金牌。

即使对于国家队教练，刘子歌的爆发也是个特别大的惊喜。张亚东赛后说，“事实上，我们赛前准备的‘秘密武器’是焦刘洋，她按照我们布置的战术去游了。而对刘子歌，我们没有具体要求，但子歌从比赛一开始就非常拼，一直拼到最后，拼下了这块金牌。”张亚东盛赞刘子歌的拼搏精神，说跟中国游泳队的现状很相似，“低调出征，虽然没有夺金点，但会在每个项目上都去拼，拼出金牌。”

三、“子歌不是黑马！”

直到夺冠，仍然很少有人真正了解横空出世的刘子歌。由于很少参加世界大赛，互联网上也找不到多少她的信息，以至赛后的发布会是从她的自我介绍开始的：“我7岁开始练习游泳，12岁开始参加比赛，辽宁人，3年前转会到了上海，1年前进入国家队……”

今年19岁的刘子歌身高1.81米，身材高挑匀称，简直天生就是为泳池而生。在诸多资料库中被错填为“籍贯上海”的她，其实是辽宁本溪人。刘子歌的父亲在赛后接受采访时表示，他们一家都是土生土长的本溪人，只是为了子歌能更好地学习游泳，才让她进入了人才济济的上海队。

刘子歌出生在一个工人家庭，7岁开始在本溪海艇俱乐部跟随金炜教练练习游泳。“当时成绩好才能去学游泳，怕影响学习。”刘子歌的父亲刘立辉说，“那时小子歌一直是班长，学习很好。正因为学习好，她说要游泳，才让她去的。”

刘子歌是2004年作为人才被引进到上海的。当时上海市游泳中心先是看中了辽宁海舰游泳俱乐部的教练金炜，然后请金炜在当地物色两名队员，结果金炜相中的其中一个队员就是刘子歌。

金炜教练之所以选中刘子歌，把她带到上海，主要原因是看中她的水感好，技术佳，当时15岁的刘子歌，身高只有1.71米，但金炜断定她“人还没完全发出来，将来一定是世界级选手的身材。”

4年来，刘子歌果然越长越高，到现在已有1.81米。她的成绩也逐年攀升，尤其是近一年，她的成绩快了5秒多。今年4月的全国锦标赛上，她获得200米蝶泳冠军，与亚军焦刘洋一起获得了参加北京奥运会的资格。在奥运会的预赛与半决赛中，刘子歌成绩一直在提高。在半决赛中，刘子歌的成绩是2分06秒25，打破了亚洲纪录，并且创造了这个项目的今年最好成绩，甚至把原世界纪录保持者席佩尔都比了下去。14日上午，刘子歌终于以打破世界纪录的优异成绩夺得奥运会冠军，引来了一片“黑马”的惊叹。

“子歌不是黑马!”带了刘子歌十年的教练金炜一直都对自己的弟子很有信心,“她之所以默默无闻,是因为小她一岁的焦刘洋成名早、名气大。其实,两个人一直水平相当。”

“子歌不是一个让教练眼前一亮的队员,但她是那种互相之间越了解,越能找到优点的人。”在金炜眼里,刘子歌具备了所有运动员的优点,“顽强的意志、兢兢业业的训练作风、大场面临危不乱,都是她的优势。而且她喜欢动脑子,一点就透。是教练,都会喜欢这样的选手。”金炜对刘子歌的评价极高,“我早知道她一定会成功,或早或晚,只是一个时间问题。也许这次的幸福,来得有些突然有些早。”

而刘子歌的启蒙教练刘东透露,刘子歌在2006年因为成绩一直停滞不前,曾经一度想到退役。后来幸亏在几名教练的耐心劝说下,她才最终坚持下来。否则,也就没有今天的奥运冠军了。

四、成功秘诀:训练玩命,鲨鱼皮助阵

在上海队,刘子歌素有“拼命三郎”之称,其最大特点就是能吃苦。在金炜眼里,刘子歌是他带过的训练最自觉、最刻苦的队员,从来不需要为她偷懒而操心,反而要常常劝她悠着点。“她拥有所有我能想到的中国女性的优点,善良、懂事、自觉、刻苦……”

上海市游泳中心副主任吉宏对刘子歌的评价是这样的:“刘子歌平时喜欢听音乐、看电视,除此之外,就是训练。真的,她的训练非常非常刻苦。”吉宏连说两个“非常”,

又连说两个“很”，“也很听话，很听话。这样的队员，谁不喜欢?”

上海游泳队领队秦斌形容刘子歌的训练是“玩命”，“我想她之所以能在这么短的时间内把成绩提高这么多，全是因为这种玩命的劲头!”秦斌透露，19 岁的子歌至今没有一部手机，也没有手提电脑，“她脑子里只有一件事，就是怎样把成绩提上去。”

上海游泳队的赵子涵和刘子歌在一起练习游泳已经四年多了，“她这个人，给我的印象是一个训练最刻苦的人。”曾和刘子歌一起在国家队训练的季丽萍甚至认为，“她可能是整个国家队中练得最多的人了，这一点应该没有问题。”

根据游泳队日常安排，一周七天除了周日下午可以休息外，其余每天上下午的训练时间在 5 个小时以上，有时候在陆地上练习跑步或者力量，一堂课下来，刘子歌的 T 恤早已被汗水浸透，“可以来回拧两次，汗水才会干掉。”一个令队友印象深刻的细节是，有时候训练时教练并不在场，这时其他一些运动员就会稍微偷些懒，“但是从来没看到她会松懈。最努力的人拿到金牌，这就是天道酬勤吧。”赵子涵说道。

从 2007 年到 2008 年，刘子歌的成绩一直在提高，这绝非一日之功。在所有游泳项目中，200 米蝶泳对技术、体能和训练水平的要求最高、难度最大。留过洋的教练金炜掌握了世界游泳强国最先进的训练理念和手段，他的训练方法完全和美国、澳大利亚同步。在北京奥运会之前，刘子歌和焦刘洋的训练真的完全可以用“玩命”来形容，肩负冲金重任，她们能不玩命吗?

在奥运会开幕只剩8周的时候，中国游泳队买进了60件帮助国外泳将频破世界纪录的神奇“鲨鱼皮”！和强大的对手们有同样的装备，这也是一种良好的心理暗示，对于子歌后来夺冠有很大的帮助。

五、爱看《论语》和《道德经》，喜欢英语的女孩

努力训练的同时，刘子歌却会因为成绩提高不快而挨批评，“这个时候她就躲在房间里面流泪，其实教练也没怎么说她，可能因为她比较爱面子吧。”赵子涵说。

平日里读《论语》和《道德经》，是刘子歌在紧张的时候放松精神最好、最简单的秘籍。她说读书能使自己心静如水。也许正是因为“简单”，为她实现了梦想。“在比赛中一般跟着自己的节奏走，不会随别人。有的人快，也影响不到我。”第一次参加奥运赛事，左边是名将杰西卡，右边是自己的队友焦刘洋，她这样“简单”地描述自己的心态。

从14岁接触《论语》小故事和《道德经》开始，今天的刘子歌说话经常透着一般“深刻”劲儿，她说通过读这些书“慢慢可以感受到一些东西，跟现实的有些心态好像能碰上”。给刘子歌印象深的是《道德经》里的“上善若水”，“水它表面挺柔的，但是其实它也是有自己的内涵的一种东西。它给予树、给予土地、鱼啊一些那种生物的养分，它不会索取什么报酬。”

子歌还有一个打发训练后空余时间的方法，就是努力学习英语，她房间里面有很多关于英语的资料，晚上经常在“啃”这些书。

学习英语的好处，很快就体现出来了。2006 年春节后，上海游泳队将刘子歌送到澳大利亚，跟随本届奥运会上女子蛙泳 100 米冠军得主琼斯的教练训练，“没有翻译，只能自己用英语和教练交流。在澳大利亚学习一段时间后，她的成绩得以突飞猛进。”

没有手机、没有电脑，也没啥业余爱好，刘子歌唯一的喜好是周日下午出去逛街的时候去吃水煮鱼。

六、刘子歌背后的男人：金炜

应该说，刘子歌的成功有两方面的原因：其一是她本人天赋过人，身体素质好，心理素质稳定，即使夺得金牌并打破世界纪录、为中国游泳队取得重大突破后，她也始终非常平静，并没有狂喜的表现，不经意间便显示出过人的心理素养；其二，她的教练金炜绝对功不可没，是他发现了刘子歌，并且结合澳洲训练模式，引导子歌走上了胜利的道路。

留洋澳洲　博采众长

金炜原是辽宁蛙泳运动员，退役后前往澳大利亚发展，在当地俱乐部任教，在澳洲游泳界呆了五年，成了澳大利亚国家队蝶泳教练肯·伍德的学生。肯·伍德是奥运会女子 100 米蛙泳冠军琼斯的前教练，也是女子 200 米蝶泳季军杰西卡·施佩尔的现任教练。

如果说，14 岁时刘子歌的基本技术形态在澳大利亚成型，那么金炜的梦想也是在澳大利亚开始萌发。在 MBL 俱乐部担任教练的几年中，师从伍德的金炜慢慢发现澳大利亚游泳人才的培养方式和训练方法令自己耳目一新。“我当时就想，我们是不是也可以学习人家的做法呢?”

在澳大利亚和美国，游泳俱乐部和高校游泳队是培养游泳专业人才最好的舞台，从施皮茨到菲尔普斯和霍夫，很多著名的游泳运动员都出自游泳俱乐部。这些例子也让金炜萌发了创业的雄心。1995年金炜毅然回国，自筹资金4000万在沈阳创立了辽宁海舰游泳俱乐部，“我的梦想就是培养出奥运冠军。”

经历中国的训练，再到澳大利亚的学习，让金炜可以更公允地看待“游泳队走出去”的方式，而这样的认识也让刘子歌在数年后前往澳大利亚训练时获益匪浅。

择优选材　艰难创业

其实，中国几乎所有的游泳专业人才都出自专业体校或体工队，国外俱乐部的模式在中国根本没有人复制，大多数优秀人才也早早被专业体校挖走。

尽管困难重重，金炜还是决定试试：“当初，条件真的很艰苦，很长一段时间，我只能四处租用场地来带队员训练。”不过凭借多年和游泳打交道，金炜还是发现了他需要的人才，刘子歌就是他的第一批弟子，“最早她跟着我爱人练，我带子歌六七年了。”

为了更好地利用资源，培养弟子，金炜自掏腰包在2003年带着刘子歌与石峰前往澳大利亚训练。随后的一年中，刘子歌就在俄罗斯世界杯短池锦标赛上夺得200米混合泳的金牌。不过，高昂的费用和有限的资源让金炜和他的海舰游泳俱乐部经济并不宽裕。为了让队员有更好的训练条件，金炜决定带着他们与传统的培养体制合作。

上海诚意　打动师徒

金炜自筹资金办起了游泳学校。尽管这是一个体制外的俱乐部，这样的模式多少还是让人看到了尝试的可能。金炜说："幸运的是，总局游泳管理中心的领导对我非常支持，让我有了坚持下去的勇气和信心。"上海体育局也相中了这位另辟蹊径、颇有建树的专业人才，有关领导还专程远赴辽宁的学校与金炜商谈。这一番诚意打动了金炜，2005年，他带着刘子歌与石峰等队员，一同入籍上海队。

平时，刘子歌在俱乐部训练，比赛期间则随上海游泳队一起训练比赛。这样的模式让刘子歌和石峰都很适应。"这还不是一回事。"说起与国外俱乐部模式的比较，金炜笑着说，"其实我没整理过什么模式，我只是想办法让运动员能做得更好。"

或许，现在的刘子歌还算不上纯粹的游泳俱乐部模式下培养的奥运冠军。不过，在众多从体工队和体校走出的冠军中，她多少代表着一种突破。

加入上海游泳队后，一切有了更好的开始。金炜说："我们的各种保障更充足了，所以2007年，我们又在澳洲训练了三个月。"这一次和刘子歌一起训练的是200米蝶泳世界纪录保持者，也是后来奥运会上的季军杰西卡。六个月后，刘子歌在全国游泳冠军赛上以2分10秒19的成绩夺冠。尽管这个成绩当年仅仅位列世界第21位，不过已经进入"井喷期"的刘子歌依然在水中突飞猛进。2008年上半年的全国冠军赛上，刘子歌以2分07秒76的成绩力克焦刘洋获得冠军，而在奥运会上她更是震惊了所有人。

可以说，刘子歌的模型，是金炜在伍德训练的基础上，结合自己队员的特色，发展成了中国式的训练体系。

除了刘子歌和焦刘洋，此次奥运会上为我国男子游泳实现历史性突破，勇摘一面银牌的张琳也曾在澳洲训练。澳大利亚的游泳训练真的那么不可思议吗？或许所有人都有着这样的疑问。对于中国游泳训练的澳洲模式，金炜有独到的见解："并不是说澳大利亚游泳什么都是完美的，关键在于你怎么去取舍，怎么去选择。中国也有很多优秀的教练、先进的训练方法，我们没必要照搬国外的方式方法，但学习是终身的。就算我们现在拿了冠军，也需要不断学习，不然，很快就会被人战胜。"

仲　满

——击剑男子个人冠军

身　　高：1.90m

体　　重：75kg

性　　别：男

出生日期：1983 年 2 月 28 日

籍　　贯：江苏南通

中国剑客闪电剑　一战成名惊天下

这是一个美妙的夜晚。北京时间 2008 年 8 月 12 日晚，在北京奥运会的男子佩剑个人赛决赛中，中国剑手仲满经过两局苦战，最终以 15：9 战胜了法国剑客尼古拉·洛佩，勇夺冠军。这不仅是中国男子击剑夺得的首枚奥运会金牌，也是时隔 24 年之后中国击剑队夺得的第二枚奥运会金牌。

刘伯承元帅当年驰骋沙场时曾说过这样一句话："两军狭路相逢勇者胜。"而在电视剧《亮剑》中，主角李云龙多次说道："两个高手过招，就算明知对手是天下第一剑客，也要敢于亮剑，因为死在对方的剑下并不冤屈！"2008 年 8 月 12 日晚的北京奥运会男子佩剑个人决赛，仲满的夺冠正是这种"亮剑精神"的生动再现。

一、扬眉剑出鞘

仲满，这个只有24岁的中国剑客，是我国首位击剑金牌得主栾菊杰的江苏老乡。他虽然进入了男子佩剑的决赛，但在中国击剑队错过了谭雪等两个最有希望的夺金点后，已经很少有人再对从未进入过奥运4强的男子佩剑有任何的“过高期待”。因此，仲满甚至没有出现在国内媒体赛前的“中国军团夺金预测”中。

在不被人看好的情况下，面对淘汰成名已久的罗马尼亚名将科瓦柳而进入决赛的法国佩剑高手尼古拉·洛佩，决赛中的仲满可谓出师不利，一上场便被刺中，先失一剑，在第一局比赛结束时以两剑落后。但从来英雄出少年，关键时刻，仲满果敢出剑，彻底放开手脚，把自己的平生所学发挥得淋漓尽致。放开猛攻的仲满，第二局完全打疯了。他先把比分追成9平，在随后的比赛中，完全掌握了主动权。只见他招招凶狠，剑剑封喉，直奔对方有效部位而去。9平之后，他接连刺中6剑，让尼古拉·洛佩毫无招架之力，1分未得，从而以15∶9成功夺冠。

获胜后的仲满，在确认胜利后，兴奋得摘下头盔，挥舞着佩剑，仰天长啸，狂喜的笑容满漾英俊的面庞。这激情四溢的一幕成为了北京奥运会上最令人难忘的场景之一。

赛后仲满告诉笔者，决赛时自己在得到7分以前对比分还是清楚的，知道自己当时落后；但在第7分以后，自己就完全不知道比分了，而且对之后洛佩出手的每一剑，自己好像都早有预感，知道他要刺自己的哪个部分。想来，仲满当时已经完全进入了传说中“人剑合一”的境界，其他的事全然不顾、不知，全神贯注于剑，这是一种极高的境界，入神入化的境界。

可以想象，在观众山呼海啸般的欢腾中，在仲满夺冠后的激动兴奋中，法国剑客尼古拉·洛佩该是如何的失落和郁闷。这失落和郁闷，不仅因为是在领先情况下丢掉金牌，而且更是因为他在整个第二局被彻底打懵，只拿到可怜的1分。而他唯一没想到的是，仲满为何会在第二局突然爆发，像一头下山的猛虎，打得他只有招架之功，而毫无还手之力？

8月30日，笔者吴京辉与仲满在香港

其实，仲满还是那个仲满，他的实力还是先前的实力。但不一样的是，被逼上绝境的仲满，像周星驰武侠片《武状元》中突然领悟到上乘武功精髓的苏乞儿一样，醍醐灌顶般猛醒，领悟到击剑比赛的“得冠定律”——对一个具备相当实力的剑客来说，只有临场的发挥和稳定的心理才是最终制胜的保证。也许正是没能得到这个顿悟，没有进入这种入神入化的境界。最有希望夺金的女子佩剑世界冠军谭雪，和射击卫冕冠军杜丽一样悲情出局。而正是有了这个顿悟，扬眉剑出鞘的仲满像变了一个人似的，越战越勇，如有神助，最终反败为胜，给了国人一个最大的惊喜。

二、天赋加勤奋

“他对距离的判断有种天生的感觉，这个东西是与生俱来的，不是后天苦练能练出来的。”在江苏省击剑队主教练张双喜的眼中，勤奋加天赋是仲满成功的两大秘诀。

在国家击剑队里，仲满有个外号叫“疯狗”，是说他只要一拿起剑就状态神勇，勇往直前。事实上，仲满还有着另外一个外号——“劳模”。“日常训练，我如今都以仲满为标尺，他累了就可以休息了，他没说累谁都得呆着继续练。”击剑队教练如是说。

事实上，回顾一下仲满的成长历程就会发现，勤奋努力是他最大的特点。

三、少年是练长跑的

在仲满的家里，一直保存着一件“宝贝”。那是一辆24型号的飞鸽牌自行车，仲满在江苏海安少体校训练的时候，就是骑着这辆自行车来回跑的。仲满家住在老北凌乡仲阳村，那里比较偏远，离海安市区足足有25公里。老北凌乡是农民体育之乡，那里每年都召开农民运动会，有50多年传统了。仲满的父亲是个体育爱好者，曾经代表过南通六县足球队参加省足球比赛。或许是父亲的遗传，仲满上小学的时候，体育就非常好，尤其是长跑。冬天村小学组织长跑，最先冲刺的他总是能拉下第二名好大一截。

在小学五年级的时候，仲满进海安少年体校练长跑。由于家离市区远，也不通公交车，仲满就骑着这辆自行车一个星期回家一次。“那时候孩子还小，骑自行车要走好长时间，我们心疼啊！但是没有办法。”仲满的妈妈每次说起孩子的时候，都会看着这辆自行车。仲爸爸说：“有一次下着大雨，在门前的小路上，仲满向西要骑车去体校，他妈妈往东，要去厂里上班，当他妈看到孩子披着雨披，摇摇晃晃骑着车从泥泞的路上越走越远的时候，他妈妈就哭了，我也哭了。”

在少体校的 4 年里，风里来雨里去这辆老自行车陪伴了仲满 4 年。

四、孝子和父母

少年仲满，曾经对一双耐磨的运动鞋羡慕不已。由于家庭条件限制，那时候仲满穿的都是十几块钱橡胶底的运动鞋。仲妈妈说：“他一个月就要磨破一两双鞋，都是面子还很新，但鞋底已经破了。”仲妈妈现在说起往事仍感慨不已。

仲满回到家里也很自觉地训练，每天天不亮，他就起来绕着村里的路练长跑。

仲满读五年级的时候，一次打篮球被他的启蒙教练、当时在南通市体校担任佩剑教练的黄保华相中。黄保华看中仲满身高臂长、动作反应敏捷，觉得他是个练击剑的好苗子。就这样，仲满开始了自己的佩剑生涯。

仲满从小就特别懂事和孝顺。有一次仲满从体校回家，妈妈无意中掀开孩子的裤管，看到仲满的脚腕全都肿了——那是练得太狠的缘故！但仲满不吭声，也不告诉父母。就算被妈妈发现了，他还安慰心疼得直掉眼泪的妈妈说："一点都不疼！真的！"

1998年仲满进了省队之后，第一个月拿到了500多元津贴，他首先就是就给父母、外婆和奶奶一人买了一套保暖内衣。仲妈妈说，仲满是个好孩子，对父母孝顺，但自己很节俭，即使长大了进了省队，鞋子也都是穿到破得不能再穿。

也许是怕父母在场会让自己压力太大，当入选北京奥运会国家队名单时，仲满并没让父母到现场来看比赛。2008年8月11日，仲满的父母与他通了一次电话，吩咐他一定要放下包袱！"请爸爸妈妈放心，我行！"仲满当时这样向父母保证。

2008年8月12日，走下赛场，兴奋的仲满做的第一件事情就是拿起电话向家里报喜，"我终于可以用金牌让二老放心了。"

五、新星就这样升起

2002年，不到20岁的仲满第一次进入了国家队。由于年轻，也由于尚未领悟到击剑运动的精髓，仲满在人才济济的国家队里表现平平。2004年雅典奥运会前，他被调整退回了江苏省队。

受到打击，仲满甚至一度有了放弃击剑运动的念头。幸好素有击剑运动传统的江苏省队并未放弃这个身体条件出众、训练十分刻苦的小将，反而出资送他去参加了 3 次欧洲分站赛。而仲满也非常争气，拿回了一个第三。经过国际大赛的历练，仲满心胸豁然开朗，回国后他勇夺全国锦标赛冠军。

仲满的一系列出色成绩引起了国家队教练的注意，2005 年，正在备战北京奥运会的国家队又将他召了回去。回到阔别已久的国家队，已脱胎换骨的仲满格外珍惜这个机会，训练更加刻苦。在法国教练鲍埃尔的指导下，他进步神速。

不久，他便在世界杯 A 级赛意大利站比赛赢得个人赛第三名，也由此成为继陈锋、王敬之之后，第三位夺得国际比赛个人奖牌的中国男佩选手，并因此跻身国家队主力行列。在十运会上，他为江苏击剑队夺得了男子佩剑铜牌。在法国教练鲍埃尔的指导下，2007 年起，仲满开始爆发，他获得了亚洲击剑锦标赛男子佩剑个人亚军、男佩团体冠军，随后在 2008 年 5 月的男子佩剑世界杯波兰站上又夺得了冠军！

鲍埃尔又是怎样看待仲满的呢？

“仲满很有耐心，很坚韧上进，所以最近进步也就特别快。他性格很固执，只要做一件事就一定要做好。”仲满夺冠后，鲍埃尔已经高兴得几乎不知道该说什么了，“我盼这天很久了，仲满验证了我的话，他们已经是世界一流的！”

仲满的成长，让鲍埃尔感觉非常满意。这位法国人在奥运会开始之前，就认为中国击剑队可以夺金的点不止一个，不过当时他想的首先当然是谭雪、王磊和雷声等。尽管王敬之和仲满也是他关注的要点之一，但恐怕连鲍埃尔本人事先也没有想到，在谭雪等主将先后失利的情况下，竟然是仲满为击剑队实现了一金之梦！因为原来在他的想法里，男子佩剑即使冲击奖牌，实现这个目标的也该是王敬之！

从2008年8月2日开始，为了适应奥运会比赛的需要，击剑队已经特地更改了就餐时间。“为了适应赛程的需要，我们现在下午2点吃中饭，晚上9点才吃晚饭。”仲满说，看得出，击剑队是饿着肚子保持状态。8月12日仲满在比赛中过五关斩六将，一路出色的发挥，终于让这位主帅鲍埃尔实现了对中国的承诺——这也是外籍教练为中国队在北京奥运会上拿到的第一枚金牌！而仲满本人，赛后直言自己感觉像做梦一样，因为他还不敢相信这是真的！他说：“我根本没有压力，也丝毫不紧张，完全是抱着去学习的态度打比赛的。现在我还是感觉像做梦一样……”

梦是美好的，而对于仲满来说，现实比美梦更加美好。除了奥运会冠军头衔，他还有郎才女貌、一见钟情的美好的爱情，如同好莱坞电影中的情节一样，令人艳羡不已。

六、英雄和美女的浪漫爱情

仲满的未婚妻是现在南京理工大学紫金学院当老师的武宗文。

仲满和武宗文，2007年上半年已经领取了结婚证。他俩在奥运会开幕前就已决定在奥运会之后举行婚礼，时间就定在9月19日。而这枚创造中国击剑历史的金牌，无疑将成为仲满献给未婚妻最好的礼物。

2007年春天，仲满和武宗文在南京办理了结婚登记。随后，他俩花6000元在南京请影楼拍摄了一组漂亮的婚纱照。他们原打算在金陵饭店举办婚礼，但那天正好有活动，腾不出地方，后来就放到紫金山庄。本来只是一般范围内的婚礼，没料到，现在仲满一下子成了家喻户晓的名人，各方人士得知他的婚讯后，纷纷要求参加，大厅都容纳不下前来贺喜的宾朋。

2008年9月19日，仲满在南京的紫金山庄迎娶他的新娘武宗文。在吴静钰、邱健等众多奥运金牌好友的见证下，他们的浪漫婚礼在南京隆重举行。那天，许多新闻报道都用了这个标题："英雄爱美女！"

仲满和武宗文的爱情来得非常浪漫。当年两人还都在南京读书，仲满在南京体育学院训练，武宗文在南京理工大学读本科。由于两校都在紫金山南麓的孝陵卫一带，他们两人是在孝陵卫一家餐馆里偶然认识的。当时仲满喝了点酒，在和朋友吃完饭临走时，眼尖的仲满突然看见了坐在邻桌的美女武宗文。仲满对武美女一见钟情，听对方口音好像是海安一带的人，便主动上前搭话，并毫不犹豫地要了人家的联系电话。

回想起这段往事，仲满很不好意思地说："其实我以前从来不那样的，就是一见了她就像着了魔似的，想也没想就上去了。可能是命中注定吧！"而武宗文呢，她说大概因为仲满很帅，看着还比较顺眼，所以自己就给了他电话。

后来仲满才知道，比自己大几个月的武宗文老家在泰州市区，离海安很近。在仲满的短信攻势下，不久，两人坠入爱河。大学毕业时，武宗文原本有机会去上海工作，但是为了仲满，她最终选择留在南京，留校当了一名教师。目前，武宗文又在南京大学读研究生。他们已在南京仙林大学城附近买好了房子。

虽然两人相识的过程非常浪漫，但两人却聚少离多，这让武宗文无限牵挂。而今武宗文谈起仲满，每每大发娇嗔，说得最多也是“指责”他“缺乏浪漫细胞”。“比如他每次出去比赛，都要给我带礼物，但是却从来没有问过我喜欢什么。所以啊，每次他的礼物还没有拿出来，我就猜得到他买什么。”

仲满能够拿奥运会冠军，武宗文当然无比开心，毕竟仲满这么多年的努力，今天有了回报。“他属于先天禀赋、后天努力都具备的那种运动员，他特聪明，有个性，目标感很强，甚至还有商业头脑。”武宗文对郎君夸个不停。不过作为妻子，她最希望的还是仲满能够在今后的训练和比赛中保护好身体，尽量避免受伤。武宗文笑着说，每次一见到仲满，她就想看看他的脚底又生出了多厚的老茧，因为练击剑的人，脚底老茧长得最快，而老茧厚了就得修脚，否则就会越来越疼。2008 年正好是仲满的本命年，武宗文早就为郎君准备了一条红腰带，祝愿他一生有好运！

张娟娟

——射箭女子个人冠军

身　　高：1.70m

体　　重：63kg

性　　别：女

出生日期：1981年1月2日

籍　　贯：山东青岛

天生好强神箭手　　逢韩必勇决高下

生活中的张娟娟，人如其名，娟秀、文静、谦恭有礼，为人随和，不事张扬。但在奥运射箭赛场上，我们见到了这个秀气的青岛姑娘的另一面：冷峻沉着，遇强更强，顽强拼搏。2008年8月14日，面对带着不败神话光环的韩国队三名顶尖选手的夹击，面对中国女子射箭队在奥运会上被讥为“恐韩症”、“千年老二”的压力，张娟娟在北京奥运会射箭女子个人比赛中出人意料地连克强敌摘得金牌，打破了韩国女子射箭队不败的神话，实现了中国队在奥运会射箭比赛中的历史性突破。

在之前进行的女子个人赛淘汰赛中，中国队的郭丹、陈玲相继失利，被淘汰出局，八强选手中只有张娟娟一名中国选手，而韩国三名选手朴成贤、尹玉姬和朱贤贞均进入了八强。

2008年8月14日下午，北京奥林匹克公园射箭场上一直风雨不断，这给参赛选手造成了一定影响。谁能稳定发挥，谁才能有取胜的机会。在四分之一决赛中，张娟娟挑战韩国选手朱贤贞。朱贤贞在本场比赛显然对风雨因素准备不足，状态低迷，连续射出7环和6环的较差成绩，而张娟娟却顶住了风雨的考验，发挥稳定，最终她以领先5环的优势击败对手晋级四强。

张娟娟在半决赛中的对手是世界纪录保持者、韩国名将尹玉姬。面对强手，张娟娟毫不畏惧，在前三箭全部命中10环，尹玉姬不知是被张娟娟的气势所压制，还是被队友朱贤贞的低迷状态所感染，命中精确率不见起色。最后，张娟娟以115环平奥运会纪录的好成绩取胜，挺进决赛，尹玉姬只得到109环。

射箭比赛非常具有观赏性，光是选手的弓、箭、瞄准器等一套行头就已经让人赏心悦目，再加上弯弓、搭箭动作、难以预料的比分、你追我赶的争夺，每每让人看得心都提到嗓子眼。8月14日的这场女子射箭决赛进行得异常惊险刺激，令人窒息。张娟娟的对手是雅典奥运会射箭女子个人赛冠军、以发挥稳定著称的韩国选手朴成贤。在第一箭命中10环的大好形势下，张娟娟第二箭匪夷所思地射出了7环，现场即时响起一片叹息声。朴成贤则在前三箭以一个9环和两个10环领先。对于那个7环，张娟娟自己也并不满意，“那个7环是我在拉开弓的时候，有人对着我拍照，闪光灯闪了一下，我突然懵了一下，箭就射出去了。不过打出7环我感觉挺平静的，从头开始。再遇到闪光灯，我已经有了准备，所以后面的箭都没有受到影响。”

在场面处于劣势的情况下，张娟娟没有气馁，迅速调整状态，从第三箭开始再也没有低于9环。相反朴成贤则频频失误，射出多个8环。在射最后一箭前，张娟娟总成绩领先对手1环，形势一片大好。但射箭这种室外运动，失之毫厘，谬之千里，手上轻轻一抖成绩可能天差地别，1环的领先优势随时可能化为乌有。最后一箭，朴成贤先射，9环！还好不是10环！但这意味着张娟娟必须在最后一发射中9环以上才可确保夺冠。压力如同千斤重担压到了张娟娟肩上。风雨中，她稳稳矗立，眼神冷峻，宛如传说中百步穿杨、一箭穿心的神箭手哲别，冷静地搭弓、瞄准、

2008年8月29日，笔者吴京辉与张娟娟在香港会展中心

松弦，箭直冲靶心而去，9环！她做到了！我们胜利了！最终的成绩，张娟娟110环，朴成贤109环，张娟娟以1环险胜夺冠，终结了女子射箭自进入奥运会以来冠军一直为

韩国女队所把持的历史。

确认获胜后的张娟娟，竟然愣了一下，仿佛有点不敢相信这个历史性时刻的到来。直到教练狂喜地冲过来，热烈地拥抱，又举起她的右手向观众挥舞，这时她才松弛了不知所措的表情，露出了羞涩的笑容。那一刻，我们又见到了生活中我们熟悉的张娟娟。

一、穷人的孩子早当家

张娟娟从小是个内向的孩子，话不多，能吃苦，骨子里有一股天生不服输的韧劲。不管学什么，练什么，都特别认真、听话，干什么都要干好。

进入青岛射箭队后，娟娟就很少回家，只能靠写信和打电话联系，训练很忙也很刻苦。

从农村长大的女孩有一种可贵的朴素，这几年娟娟从不买化妆品，攒了钱就寄到家里供弟弟上学，年纪轻轻便相当成熟、懂事。

二、“是射箭选择了我”

张娟娟长到 14 岁的时候，尚不知射箭是怎么回事，但命运偏偏来敲响大门。娟娟最早在在田径队练过铁饼、铅球和标枪。她的长相、骨架都像爸爸，肩宽体壮，像个男孩。用爸爸的话说，女儿“从小就长得棒实”。到小学五年级，娟娟就长到了 1 米 64，被莱西体校教练选了去掷铁饼。

练铁饼时间不长，教练又说：“你去练个轻松的吧！”当时，莱西体校没有射箭这一项，张娟娟被高秀英教练看中，开始练射击，这为日后她练射箭打下了良好的基础。

一次偶然的机会，张娟娟巧遇青岛市射箭队教练曲月风。曲月风问她愿不愿意练射箭？“射箭是啥呀？”那时的她还不知道射箭是什么呢。“练就练吧！”直到最后她又随射箭教练王国章训练。所以，娟娟有时会说：“不是我选的射箭，是射箭选择了我。”

娟娟就这样练上了射箭，而且一发不可收拾。

三、开弓没有回头箭

1995年7月的一天，张娟娟开始练射箭。可满怀好奇的她压根儿连弓的影子都没看到，一整天做的就是摆射箭的姿势。第二天，仍然没有弓，教练给他们的是一根皮条，让他们练力量。后来一根皮条换了两根，再过些天变成了三根。每天她们就是那么分腿一站，然后反复练习“拉皮条”。不时有脆响的“啪”声，那是教练弯腰给她们拍腿上的蚊子。有的队员不爱练，教练就拿了张弓，让那些听话的队员试试。一张弓要1万多元钱，在当时的运动队里是很珍贵的。教练通过这种方式给那些不听话的队员小小的惩罚。

怀着珍惜的心情，娟娟也试了，谁知竟然拉不开，于是开始有些浮躁的心就又踏实下来，又继续练习“拉皮条”。每天都是拉弓训练，一天拉开弓300多次，拉开了还得停住。刚开始还行，次数多了，停住弓的时候胳膊直抖，实在撑不住了想往回缩，就会听到教练“拉回去”的吼声，这时候娟娟的泪水总会在眼眶里直打转。

有时她往家里打电话说太累了，也曾经灰心过，父母就跟她说，“咱农家娃连这点苦都吃不消还能干啥”，“就好像推小车爬坡，只能进不能退”。从那以后，她再也没打退堂鼓，有一次，还特地打电话和父母说：“爸妈，我懂事了，你们等我的好消息吧！”

四、克服“黄心病”

人生难免会有挫折。到省队不久，张娟娟就犯了射箭运动员特有的“黄心病”，只要一瞄到箭靶的黄心（9 环和 10 环），弓就晃动。很多天赋不错的射箭运动员就是因为过不了“黄心病”这一关而“夭折”，再也练不出来了。但娟娟是好样的，在王国章教练的耐心指导下，下了两年多的苦功，竟然硬是挺了过去，生生战胜了这可怕的“黄心病”。

五、战果辉煌，愈挫愈奋

1996 年 6 月，在学箭一年后，刻苦训练的张娟娟开始出成绩。一开始，是参加山东省“希望杯”射箭比赛拿了冠军。那次比赛设了单项距离奖、全能奖等共 10 个奖项，她一个人拿了 8 个。颁奖仪式上，奖是一项一项发的，她领了一个又一个，有时，还没走回去，广播里就又传出她的名字。末了，脖子上沉甸甸地挂了 8 个奖牌。在张娟娟家的客厅里，摆满了奖杯和奖牌，将相册里微笑着的张娟娟衬托得更加美丽。

5 年之后，2001 年 9 月份在北京举行的世界射箭锦标赛，是张娟娟第一次参加世界高水平比赛，也是娟娟第一次作为国家队员参加比赛。和她一起参赛的，有获得过亚特兰大奥运会女子个人银牌的何影，有参加过悉尼奥运会的杨建平。要知道，1996 年何影拿奥运会银牌时，娟娟还只是刚刚参加过省里的“希望杯”赛呢。娟娟说，大姐姐们有很多优秀的地方值得自己学习。而那次参加世锦赛，来自韩国、意大利、俄罗斯等更多高手，是她的对手，也是她的老师。通过参赛，她学到了很多东西，慢慢成长起来。

当时在女子个人射箭比赛中，中国队中只有娟娟打进了前八名。当时队里定的目标是在世锦赛上夺取奖牌，因此对她抱有很大的希望。可在争夺进入前 4 名的淘汰赛中，娟娟射出第 3 支箭时，箭尾突然脱落，失去平衡的箭斜着飞向箭靶，只射中了 3 环。这一支“远箭”，使娟娟痛失进前四名的机会，结果仍是排名第八。面对失利，娟娟说，这对她应该是一种激励，她相信只要更认真、更刻苦地训练，就能和顶尖高手们一样好。

张娟娟是个说到做到的姑娘，正如她对自己的要求——干什么都要干好。打团体淘汰赛的时候，很多知情人，包括队友、教练都对娟娟捏了一把汗——个人赛意外失利后，她的压力太大了，团体赛她能行吗？而娟娟却似乎早把前两天的事甩到一边，神情专注地投入了比赛。虽然与何影、杨建平比，她的表现算不上是最出色，但她付出了自己的最大努力。张娟娟和队友一起，夺得了团体冠军。获得了世锦赛团体冠军的张娟娟并没有满足。她知道，对中国射箭来说，世界冠军固然重要，但还远远不够，中国射箭还需要奥运奖牌、甚至奥运金牌。在雅典奥运会上，张娟娟和体队友们一起努力，获得女子射箭团体的银牌。以一箭之差负于老对手韩国队，当时，她的心中还很有遗憾，也使得她对于2008北京奥运会更加期待。

2008年8月14日这一天，她做到了，不但获得了奥运会奖牌，而且是分量最重的金牌。

面不改色终结了中国女子射箭队“逢韩必输”历史的张娟娟，仍然是一如往昔的平静、恬淡。在香港时，她笑眯眯地对笔者说，家乡的教练来电话，说现在报射箭班的人一下子多了好多。但愿，在神箭手张娟娟奥运金牌的金色光环下，会出现一支庞大有力的后备人才队伍，让射箭这个冷门项目在全国各地生根发芽，发展壮大。

奚爱华/金紫薇/唐宾/张杨杨

——赛艇女子四人双桨冠军

创造历史的四朵赛艇姐妹花

唐宾/金紫薇/奚爱华/张杨杨是中国赛艇队本届奥运会最后一个冲金希望，前面已经结束的比赛中，中国选手的最好成绩是银牌。决赛共有六组选手参加，中国队被分在第四道。

比赛一开始，选手们就发出了整齐的喊声控制节奏，期望在起航阶段抢占领先位置。英国队的选手率先突出重围，冲在了最前面；中国选手节奏非常稳，稳定地跟在了英国队和德国队的后面。冲过 500 米计时点后，英国队以明显的优势第一个撞线；德国队稍稍落后，排在第二位；中国选手表现稳健，紧紧跟在第三。

超过 500 米之后，中国队开始提高桨频，向德国队慢慢接近，德国队失去了起航阶段的势头，终于在 1000 米计时点，中国队超越了德国队，仅次于英国队，排在第二。1000 米之后，比赛变成了中国队和英国队的巅峰对决。中国队的速度逐渐提了上来，德国队也在后面紧紧追赶，但中国队没有给德国队任何机会。到达 1500 米时，中国队仍与英国队还有 1.47 秒的差距。传统霸主英国人一度提前

“庆功”，电视转播也仿佛为其加冕做好了准备，将全景和特写镜头毫不吝惜地全给了英国人。然而，中国姑娘在此时迸发出惊人的能量，在最后500米实现了不可思议的逆转。最后的冲刺阶段，气氛变得极为紧张，所有观众为中国可能获得这枚突破历史的金牌而疯狂呐喊。中国队受到观众的鼓舞，终于在最后200米追上了英国队，两队开始交替领先。最终的撞线，中国队力压对手，以6分16秒06的成绩，获得了金牌，创造了历史！

赛艇对于中国观众来说无疑是冷门项目。由于赛艇运动需要杰出的身体条件，亚洲人在先天条件方面无法和欧美运动员相比，欧美选手一直在这一比赛中具有统治性优势。作为在历届亚运会上取得赛艇金牌最多的队伍，中国赛艇队早已无敌于亚洲。但在世界范围是从2006年世锦赛拿到3金1银才开始崛起，而在奥运会上还从未取得过金牌。从1984年洛杉矶奥运会中国赛艇队首次参加奥运会时的女子四人单桨有舵手第八名和男子四人单桨无舵手第十名，到1988年汉城奥运会女子四人单桨有舵手银牌和女子八人单桨有舵手铜牌，到1992年巴塞罗那奥运会获得女子双人双桨铜牌，到1996年亚特兰大奥运会获得女子双人双桨银牌，此后连续8年在奥运会上与奖牌无缘。

在雅典奥运会之后，中国加大了对赛艇项目的投入力度，不仅在浙江千岛湖建设了世界一流水平的国家训练基地，请了世界著名的赛艇教练。在平时的训练中，赛艇队还加大科研力量。这一切的一切，都是希望在北京奥运会上有所突破。

然而，北京奥运会上李勤/田靓在中国赛艇队最为保险的女子双人双桨这一项目上意外失守，让中国赛艇队梦想在本届奥运会上取得金牌突破的愿望，罩上了一层阴影。不仅如此，已到了赛艇比赛的最后一天，而中国赛艇队仅仅取得了一枚银牌。面对中国赛艇队曾对“北京夺金”几乎下达过“必得令”的状况，唐宾/金紫薇/奚爱华/张杨杨 4 位姑娘是赛艇队夺金的最后机会，也是赛艇队员最后的尊严与荣誉之战。最后，开篇前的情景出现了，4 名中国姑娘承载了无数人为中国赛艇付出的艰辛努力，圆了中国赛艇界多年来的一个梦，实现了中国赛艇队的历史性突破，更是打破了欧美人对此项目的垄断，证明了中国人，一样行！

值得一提的是，在参加决赛的 6 支队伍中，只有中国队这条艇由清一色的“80 后”组成。而且在 4 人当中，金紫薇和奚爱华都是从其他项目中半途转行而来，张杨杨也曾经练过篮球，只有唐宾才是赛艇的“科班出身”。4 位姑娘在夺冠后，不仅分别发出了夺冠感言，更亲密无间地共同表示：将继续“组合”，力争再战伦敦。

一、个性奚爱华

身　　高：1.82m

体　　重：85kg

性　　别：女

出生日期：1982 年 1 月 27 日

籍　　贯：山东寿光

2008 年 9 月 4 日上午，面对母校潍坊市体育运动学校的师弟师妹们，奥运会赛艇冠军中的大姐大奚爱华说了一段质朴而感人肺腑的话："我也是农家出来的姑娘，没有什么特殊的地方，只有心中树立远大的目标，并为着目标迈进，才能够成功。"短短五六分钟的发言，奚爱华始终不敢抬头，双手不断拨弄着怀中绑在鲜花上的彩带。

铅球排球到赛艇

1982年1月27日，奚爱华出生在"蔬菜之乡"山东省寿光市。奚爱华十四五岁时，便拥有了近1.70米的个头。学校体育老师不断地给她父母支招儿：爱华这姑娘身体条件不错，让她搞体育吧。当时父母也没有过多地考虑，就送女儿去了寿光体校，开始练起了铅球。结果练得还真不错，奚爱华第一次代表寿光到潍坊参加比赛就拿了一个好名次。一个学期之后，奚爱华因个头高、双臂长，被潍坊竞校排球教练相中并被招入队中。不久，在教练的引导下，奚爱华又开始改练赛艇。

1997年底，奚爱华进入了山东省女子赛艇队。在第二年的全省第19届运动会上，仅仅练了两年赛艇的奚爱华便夺得了单人双桨2000米的第一名。从走上体育之路，到夺得第一个省运会冠军，奚爱华用了不到3年的时间。从2001年九运会获得女子八人单桨有舵手第二名开始，奚爱华无论是在双桨还是四人桨都是全国冠军。2002年，她一个人包揽了省运会的3枚金牌，并获得全国赛艇锦标赛女子双人双桨冠军，和女子四人双桨冠军。

奚爱华的赛艇生涯在2005年出现了转机，经过数年的努力，她的实力终于得到了认可而被征调进入国家队。到国家队后奚爱华开始主攻女子四人双桨比赛，在教练姜海洋、周琦年的指导下，她和队友在成绩上取得了迅速的突破，2007 年 6 月 25 日在荷兰首都阿姆斯特丹举行的赛艇世界杯女子四人双桨决赛中，奚爱华与队友配合默契，发挥出色，获得赛艇世界杯冠军，这是奚爱华获得的第一个世界冠军。2007 年 8 月，世界赛艇锦标赛中，唐宾、奚爱华、金紫薇、冯桂馨在女子 4 人双桨的预赛中轻松赢得小组第一名，从而直接晋级决赛，同时取得了 2008 年北京奥运会的“入场券”。9 月，她与队友夺得了世锦赛铜牌。在北京奥运预赛中，奚爱华与队友们从一出发，就将其他队伍远远甩在了身后。毫无悬念地取得了小组头名，比 2007 年夺得世界第三时的成绩快了 22 秒多。在 8 月 17 日的决赛中，她们虽然没能划出预赛中的成绩，不过凭借最后 250 米的超强冲刺能力，最终反败为胜，为中国赛艇队赢得了首枚奥运会金牌。

来自山东的奚爱华，这次是地道的“在家门口作战”。她没有辜负家乡人民对她的期待，用一枚沉甸甸的奥运金牌为我们的祖国也为家乡父老乡亲赢得了荣誉。

教练眼中的倔姑娘

说起奚爱华的特别，主要是指她有个性。在省队期间，奚爱华曾经打过退堂鼓。由于省队教练的训练要求严，标准高，加上训练量大，又苦又累，生活单调，奚爱华有些吃不消了。有一次，奚爱华有点发烧，训练没能达到教练的要求。教练由于不知情，就批评了奚爱华。奚爱华觉得十分委屈，认为自己生病了你还这么说我，我已经很努力了，就憋在那儿哭，然后越想越想不通，以无法适应训练为借口，一冲动，干脆卷起铺盖回家了。后来，经过校长、领队、父母和队友的劝说，奚爱华才又回到了队里。奚爱华父母和姐姐到队里去看她，顺便想对奚爱华卷铺盖回家一事跟教练说明一下，结果省队教练却说，奚爱华很有个性，越是有个性的运动员越是出成绩。在之后的山东省第20届运动会上，她一人独得3枚金牌。

奚爱华自小还有一股不服输的劲。奚爱华的父亲奚东山说："奚爱华打小就很要强，性格就跟个男孩子似的。""十三四岁还在家里的时候，她就抢着干一些重活累活。有时夏天收了麦子，奚爱华能把装有100多斤麦子的袋子给摞起来。看到我背着喷雾器给果树打药，她就抢着去帮我推水，一车子水就得几百斤重，但她却硬是能从两三公里外推到地里。"而在取得奥运会金牌后，这位从不愿服输的倔姑娘，面对记者所说的第一句话就是："从来这个项目都是欧洲人行，中国人不行。我想欧洲人能做得到，中国人也可以做得到。我们今天证明中国人也行。"

奚爱华的启蒙教练、寿光市体校的杨金水说起奚爱华有一肚子的赞美之词。杨教练说，奚爱华最初来到寿光市体校，由于个子高、块头大，练习的是田径中的铅球项目，"那时训练虽然很辛苦，但她从来不偷懒，一定坚持把我布置的训练量完成。""这孩子特别能吃苦、特别有韧劲、特别特别认真，今天的表现也特别特别棒！"山东省水上运动学校校长王博青谈起奚爱华十分自豪。王博青说，奚爱华是水上运动学校去山东各地体校招生时选出来的。最初她从事的项目是投掷，后来也练过一段时间的排球。最后，却选择了赛艇。而这仿佛是一种机缘注定，让她在水上项目实现了梦想。她的身体素质非常突出，测功仪成绩是中国女子赛艇队员中最出众的，强大的力量对四人艇的推进，起着发动机般的作用。另外，她还是一个非常有悟性的队员，善于动脑子，能很快领会队友和教练的意图，加上训练特别刻苦。这都是她能够夺得冠军的必要要素。王博青在自豪之余，更多的是一种怜爱。“夺冠了自然是好事。但是她背后经历了多少辛苦，只有她自己心里明白。”而为了能帮助奚爱华减轻一点压力，在奥运会开始之前的20多天，王博青便跑到国家队训练基地去看她训练。每当奚爱华遇到什么困难，都会跟这位恩师详谈细说。“身体上的疲劳、心理上的压力，太多了，一言难尽啊。”王博青说。

父母心中的“小棉袄”

奚爱华是一个特别孝顺的姑娘。虽说她的比赛奖金并不多，但每次回家，都会给家人带回一些吃的、穿的、用的，谁都落不下。每次回家，第一件事就是带着父母去体检。知道母亲有了腰腿痛的毛病，她就用在队里学到的身体恢复方法，给母亲做按摩和推拿。进入专业队之后，奚爱华长年在外训练，很少回家，父母成了她最大的牵挂，只要有空，她就会给家里打个电话，跟父母聊聊自己的训练情况，问问父母的生活情况。奚爱华2007年参加完世锦赛后回家住了十来天，回队后就立马投入了奥运会的备战。一年多来，她一直在外面训练和比赛。“四川、云南、浙江、黑龙江等等，每到一个地方我都要换电话号码，现在家里的本子上都记有好几十个号码了，父母想和我说说话时，拿起那个本子，也不知道究竟哪个是我的号。”父亲奚东山说：“每年春节我都要大哭一场，她妈给她打电话，她就再打电话安慰我……”决赛前夜，奚爱华还偷偷地给家里打了个电话，先给家里“减减压”，并特别神秘地说：“给你们减完压，我这块奖牌就基本没问题了。”

在父母的眼中，人高马大，皮肤黝黑，有着男孩子性格的奚爱华，虽然已经26岁，却仍然是家里的小女儿，仍然是他们的“小棉袄”。说起女儿的成绩和训练，妈妈周云香既高兴又心疼，“这孩子，12年来，就回家过了一个完完整整的春节呀！”“不过孩子有出息，我们做父母的也感到很知足了。”在比赛开始之前，奚爱华的妈妈表示，“孩子练了十几年了，这一次不论是夺得什么样的奖牌，都会非常平静地对待。”但当看到比赛结束、中国组合夺得金牌的画面时，奚爱华家里所有的人还是都不约而同地跳起来了，好多人激动得哭了。“自从爱华到了北京，我就没睡过好觉，尤其是这几天，连饭都吃不下。”周云香笑着说，女儿参加比赛，自己比她还紧张呢，苦熬了这几日，悬着的心终于落下来了。从电视上目睹女儿夺冠，爸爸奚东山激动地说，女儿最爱吃他做的菜。“自去年9月离开家后，爱华已经快一年没吃到我做的菜了，每次打电话都说想吃呢，她最爱吃我做的青椒鸡蛋、土豆丝、藕丝了，等她回来时，我一定下厨好好犒劳犒劳女儿。”“奥运会比完了，她说回家住上几天，我和她妈妈现在天天盼着呢！到时候，我天天给她做好吃的！”已经26岁的奚爱华的爱情问题解决了么？对此，奚东山说，她现在还是独身，“年龄也不小了，我们做父母的，也盼着她能早日找到合适的对象。”

“老”大姐重感情

夺冠的四人组合中，奚爱华是队伍的“老”大姐。而对自己的三个小妹妹，奚爱华也有很深的感情。她希望现在这支队伍能继续保持下去："如果有机会的话我们会继续合作的，我们的团队配合非常好。"认识她的人都评价说，奚爱华是一个很重感情的人，所以能和任何一个搭档配合好。

不服输、能吃苦、很孝顺、重感情，这些鲜明的山东性格最终铺就了奚爱华的冠军之路。现在，赛艇已经成为奚爱华生活的一部分。她利用一切机会，向大家宣传赛艇运动。她对潍坊市委书记张新起说："张书记，我记得上次我拿冠军你给我们开庆功会的时候说，这次奥运会我拿什么样的奖牌，你就在潍坊建什么样的赛艇基地。现在我这个目标已经达到了，该你落实承诺了。"张书记高兴地答应了她的要求。

二、足"金"紫薇

身　　高：1.83m
体　　重：79kg
性　　别：女
出生日期：1985年10月17日
籍　　贯：辽宁沈阳

4位"80后"队员实现了中国赛艇奥运金牌"零的突破"，年仅22岁的金紫薇却是当中奥运会的"老"将。金紫薇已经是中国奥运军团的"两朝元老"了。2004年雅典奥运会上，还不到20岁的金紫薇参加了女子八人单桨有舵手项目，获得了第四名，与奖牌擦肩而过。4年之后的北京，金紫薇终于登上了奥运会女子四人双桨赛艇的最高领奖台。

成长历程

金紫薇1985年10月17日出生于辽宁沈阳，从小就显现出与众不同的运动才能。

金紫薇的父亲身高1.84米，母亲有1.72米，夫妇俩在他们那一辈人中算得上是身材出众。虽没与体育结缘，但却将高个子和与生俱来的运动天赋遗传给了独生女儿。

金紫薇刚上小学时，身高就有1.42米，明显比别人高，在学校里体育成绩出众，特别喜欢长跑，总是跑第一，全校女生没人能跑得过她。金紫薇篮球也打得好，被选到区体校打篮球。上中学后，擅长跑步的金紫薇被特招进入了篮球体校。

正当金紫薇准备在篮球方面发展时，她与赛艇的缘分却悄然而至。1999年，在一次体校教练选苗子时，金紫薇被辽宁水上运动学校看中，进入了沈阳水上运动学校练习赛艇，开始从事此前从未接触过的赛艇项目。2001年，金紫微跟随她的启蒙教练张振平来到江西水上运动学校，代表江西队参赛。2003年，金紫薇进入国家队，此后屡获佳绩。2003年城运会，她获得了女子单人双桨冠军，2005年十运会上，她和队友一起获得了女子双人双桨冠军。在国际赛场金紫薇也有不俗的表现。在2004年雅典奥运会上，她获得了女子八人艇第四名。两年后，在2006年世界杯上她又和队友一起获得了女子四人艇亚军。在2006年世界锦标赛上她还夺得了女子八人单桨第四名。2007年，她和冯桂鑫以及唐宾、奚爱华一起在世锦赛女子四人双桨项目上获得季军，而作为水上项目的“四朵金花”之一，她和队友一起还在当年的世界杯上勇夺桂冠。

努力拼搏

在取得这些不俗成绩的背后，金紫薇，这个美丽的名字的主人却拥有着坚强的毅力和爽朗的性格。“人生难得几回搏”是金紫薇一直以来的座右铭，她认为运动员只有依靠奋力拼搏才能回报以优异的成绩。自从2003年进入国家队，金紫薇就刻苦训练，平均一年只回一次家，就连中国人阖家团聚过春节之时，她都在紧张的“冬训”之中。

2005年8月，金紫薇的外婆病重去世，这对当时备战十运会的紫薇来说是个沉重打击。因为金紫薇从小由外婆带大，外婆对她疼爱有加，从小学到高中一直都是外婆接送她上学。金紫薇9岁开始练篮球时，每天的训练也是外婆陪伴。她有什么心里话也总是向外婆倾诉。每次到外地和国外训练和比赛时，金紫薇总爱买些外婆喜欢的礼品寄给外婆。可以说她与外婆的感情非常深。但是，就在离十运会不到两个月的时候，外婆捧着紫薇在雅典奥运会上的照片安详辞世，并留下了希望紫薇能夺得十运会金牌的遗愿。闻听噩耗的金紫薇悲痛异常，但她强忍悲痛更加刻苦训练，并且顶住比赛时突发的高烧，夺得十运会金牌，实现了外婆的遗愿。

世界杯时，金紫薇和伙伴们以一秒多的劣势输给了美国队取得第二，但这没有让她气馁，反而对夺得金牌抱有更大希望。她暗暗下了决心：再给我一点时间，就不会是这个样子。上一届奥运会的第四名，让金紫薇感觉很遗憾，她再次下定决心：不能在北京奥运会上再留遗憾。她说：

"运动员要老是拿这种借口给自己一个台阶往下下是不行的。""运动是没有止境的，要自己不断、不断地进步，奥运会才更有把握去争这块金牌。"终于，金紫薇和她的姐妹们为中国赛艇队收获了首枚奥运金牌，取得了历史性突破。金紫薇说："能为中国赛艇运动做出贡献我感到非常自豪。很激动，也很高兴，因为我们终于实现了夺取金牌的梦想。我们的赛前目标只有一个：夺取金牌。我要感谢我们的教练和我的父母，感谢所有支持我们的观众。"

面对困难，面对训练时的枯燥，金紫薇也有厌倦的时候。她说："有的时候划多了，很讨厌这个桨、很讨厌这个水，但是闲下来的时候也很想它。有时候我喜欢自己在码头坐一坐，看看水，说不上来的感觉。""虽然有的时候划得不是很好，但是还是有感情。开始时候只是好玩、新鲜，能打奥运会了，觉得挺骄傲的。"虽然"赛艇项目主要是选择远离城市，在偏僻的水域进行训练，在这样环境下训练会产生孤独、压抑的感觉。退缩的念头也曾有过，但是既然到了国家队，参加了赛艇项目就要为此做出自己的贡献。"

家人支持

在艰苦的体育生涯中，家人的支持和关心是金紫薇进步最大的动力。当她被体校老师意外选中去练陌生的项目赛艇，她的父亲金沙说："那时候，对我，对金紫薇来说，赛艇都是陌生得不能再陌生的东西。但是因为女儿可以得到专业的训练，觉得对孩子有好处，就让她去了。"2001年，14岁的东北女孩金紫薇远离家乡去南昌发展自己的体育事业，父母心中自然是万般舍不得，但金沙却说，"她已是国家的人，父母也管不了。”刚到南昌时，金紫薇十分不适应南方的气候和饮食，再加上训练很累很枯燥，父母心疼不已，但仍然鼓励金紫薇振作起来，继续坚持下去。金紫薇常年离家训练和比赛，平时只能通过电话和父母联系。金沙说，没有限定多少时间打一次电话，女儿和父母之间随时想念了就随时打电话，电话中从不谈及训练方面的话题，只有生活中的家常事和父母的惦念。奥运会前，当被问到对女儿有什么期待时，金沙平静地说：“我的孩子能成为六百多名参加北京奥运会的中国队员之一，我们已经很开心了。我和她说过，不管成绩怎么，只要努力了，她永远都是父母的骄傲。”

在北京奥运会举行期间，许多中国运动员比赛，家人都纷纷现场助阵，共同亲历这激动难忘的时刻。但赛前，对是否会去北京为女儿金紫薇加油，爸爸金沙始终模棱两可：“还没定，也许去也许不去。”即使决赛去北京为女儿加油，也不会告诉她，他们只想默默看着女儿比赛，不愿在关键时刻给女儿任何的干扰。由于身体不舒服，金沙最终放弃了去北京观战女儿决赛，但他们为了不让女儿在比赛中分心，也没有把这个消息告诉她。最终，金紫薇父母在紫薇大姨家通过电视直播观看了女儿勇夺奥运金牌。在夺冠成功的那一刻，全家人激动得欢呼跳跃起来。随后冲到楼下放鞭炮庆祝。

热情孝顺

生活中金紫薇就是一个典型的东北姑娘，一直是个孝顺得让长辈们喜爱的孩子。金紫薇从小性格活泼，心直口快，想什么就说什么。因为从事体育的关系，紫薇不能像大多数女孩那样喜爱打扮，但紫薇喜欢读书，这个爱好是从小就有的，她的书柜上总是摆着各种各样的书，什么样的书她都爱看，但最喜欢看的要数《孙子兵法》。金紫薇还是个满腔热血、大方慷慨的人，看到队伍里的新队员家庭很困难，没有运动服装，她就跟教练提出来了："教练，你看这些孩子，让她们好好练，我把我的那些衣服拿出来，谁练得好发给谁！"后来，金紫薇把自己曾经在各种运动会上穿的衣服，都一件件发给了那些小孩儿。

虽然长年不在家，却不妨碍金紫薇成为一个孝顺的女儿。金紫薇是家中的独女，但自从2003年进入国家队后，一年也就只能回一次家，父母一年见到她的时间只有10天左右。回家后，金紫薇会陪妈妈逛逛街，和亲戚朋友叙叙旧。"每次看到她都觉得她变成熟了，同时也能感觉到她训练得很苦。"父亲金沙的话语中透露出对女儿的疼爱，"虽然她很少回家，但我们做父母的感觉到她很懂事，很孝顺。"

在金沙50岁生日时，女儿金紫薇送给爸爸一把剃须刀。那时她正在德国训练，却没有忘记爸爸的生日，便买了一把德国最好的剃须刀作为送给父亲的生日礼物。金沙说，这个礼物很难忘，不是因为它是一把德国最好品牌的剃须刀，而是女儿有孝心，没有忘记父母，这才更让爸爸感动和难忘。金紫薇获得十运会冠军之后，把奖金都拿了出来为父母买了套新房。

如今已是23岁的金紫薇也到了恋爱的年龄，她现在有男朋友了吗？对这样的问题，爸爸又是一句"她常年不在家，我还真不知道"，妈妈李颖透露，长年忙着训练的紫薇目前还没有男朋友，但对于女儿恋爱的对象父母不会干预："只要女儿喜欢，她想找什么样的男朋友我们都高兴。"

虽然金紫薇是沈阳人，但江西却是她的第二故乡。金紫薇说："景德镇是我人生中最重要的一站。我虽然出生在辽宁，但我成长在景德镇，我之所以有今天这样的成绩是第二故乡景德镇培养了我，希望故乡人民继续支持我。我不会辜负家乡父老，要坚持永不放弃的奥运精神，争取在未来的路上取得更大的成绩。"

仍然执著

回顾金紫薇的运动生涯，父亲金沙认为她的发展还是比较顺利的。出道不久就屡获佳绩，2003 年即被国家队选中，参加了雅典奥运会，并在诸多国际大赛上争金夺银拿得奖牌。在紫薇终于摘得北京奥运会的金牌后，她是否会像许多运动员那样激流勇退选择读书深造，还是继续为赛艇奋斗？金沙说，具体要看体育局安排，看紫薇自己选择。他认为赛艇不像很多体育项目那样受年龄限制比较大，国外许多赛艇运动员都三四十岁了还一样在参赛，现在的紫薇正是出成绩的最佳时间，只要她感觉还有能力在赛艇上拼搏，相信她一定会继续下去。

对于金紫薇自己来说，正如她自己说的一句话："能够走向成功对我来说就是不要放弃，在参加赛艇项目我从中得到一点就是，在冲向终点前无论是领先还是落后都不能放弃最后一桨，给予我最大的人生启示也正是这点。即使你失败了，请你不要放弃；就算你成功了，你依然不能放弃，因为今后的路还很远。"

三、专业唐宾

身　　高：1.83m

体　　重：77kg

性　　别：女

出生日期：1986 年 4 月 25 日

籍　　贯：辽宁凤城

在夺金比赛中，坐在赛艇最后一位的是唐宾。唐宾，这位 22 岁的中国小将，应该说是“四朵金花”里长得最漂亮的一位，最大的特点是技术很好、非常有巧劲儿，而且只有她不是中途改行，一直从事着喜爱的赛艇运动。

臂长身高练赛艇

1986 年 4 月 25 日，唐宾出生在辽宁省丹东市辖下凤城市边门镇汤河村。唐宾小时候就和水特别有缘。唐宾的父母说，虽然唐宾是个小姑娘，可是特别喜欢在溪水河套中玩水抓鱼，村里同龄的小男孩都是在她的带领下一起下水抓鱼的。唐宾走上赛艇这条路并没有太多特别的地方，或许是缘分。唐宾 14 岁上初一时身高 1.74 米，臂长却达到了 1.79 米。当时正好赶上丹东海校的一帮老队员退下来，教练到学校去挑苗子。看到了正在练田径的唐宾，教练觉得条件不错，就把她招入了丹东市航海学校赛艇队。当时教练告诉唐宾的父母，唐宾是个练习赛艇的好苗子，队里每个月除伙食和住宿外，还另外给唐宾 200 到 300 块钱的营养补助费。对于这项运动一无所知的父母，看到女儿可以从事专业训练，特别还有补助，可给家里减轻了不少负担，就欣然接受了教练的提议。

唐宾的启蒙教练焉伟亮说起少年时的唐宾十分赞赏："入队的时候，小唐宾是队里年龄最小的队员，可是她虚心好学、为人大度，在训练课上勤于训练，勇于吃苦，不怕流汗。在赛艇技术和个人能力上提高很快，成绩很突出。"唐宾在2003年调入辽宁省赛艇队试训后，同年就获得全国城市运动会四人双桨第一名。2005年因优异的成绩调入国家赛艇集训队。在2007年、2008年世界杯的两站比赛中，她和队友合作获得四人双桨冠军。

苦练巧练加坚强

夺取冠军，唐宾靠的是巧练、苦练和坚强。唐宾在国家队时，经常找技术人员分析训练时候的录像，反复看慢镜头查看整条艇上每个人的动作是否规范。"唐宾很喜欢一句话'走自己的路，让别人无路可走。'"一位熟悉她的教练说，这也能够看出她好强的一面。其实，按照理论分析，一般在测功仪上成绩好，能够反映出能力强，在水上就会很强。但是，唐宾却有点反常，她的测功仪成绩在队伍里排在最后，而到了水上她却划得非常快。这充分说明唐宾在艇上的技术很好，并且还是使劲儿划不会太累的那种耗能比较少的类型。

但是，光巧练还是不够的，成功的背后还得有苦练和坚定的意志。唐宾的母亲邢美芝有心脏病，看到唐宾夺冠后因兴奋过度昏倒在地，醒后眼含泪花说："赛艇训练太苦了，我闺女手掌上的茧子厚得能用刀来削，不过，她从不向父母抱怨苦和累！"唐宾的父亲说："唐宾是个内心很硬朗的人，尽管经历不少挫折，但她始终坚持不懈地在这条路上走下来，我们老两口为她高兴，为她自豪！"

借钱培养出金凤凰

比赛当日下午，唐宾的父母和村里的亲朋好友齐坐家中观看电视转播。在唐宾获得金牌后的瞬间，山沟沟里的汤河村沸腾了！乡亲们在唐宾家门口放起了鞭炮，父亲唐振武眼含热泪哽咽地说："我一直相信，我女儿会成为世界冠军。"邢美芝擦着眼泪，笑着说："咱小山村里飞出了金凤凰！我现在最想抱老闺女，狠狠亲她一口！"回忆起女儿的成长，唐宾的父亲唐振武道出了当年的心酸。初到赛艇队，唐宾一个月伙食花销要四五百元，家里实在供不起，最后从银行贷了3万块钱，从亲朋好友那里又借了三四万。"那个时候我们都是借钱供她去练体育，每次从船上下来体能消耗都很大，需要很多的营养品。家里条件不好，我记得有一年为了借钱，家里把准备过年宰的猪给杀掉卖了。"令唐宾父亲高兴的是，随着唐宾的进步，自2005年在全运会上夺冠开始，家里的条件有了好转。"当时省里给了奖金，家里也有钱开始慢慢地还债了。这次奥运会夺冠后，大概就可以把欠下的钱给还清了。"

一桨手唐宾，没有辜负父母和教练的希望，她在胜利后高兴地大喊："夺冠的感觉就像是做梦一样！"

四、活泼张杨杨

身　　高：1.85m
体　　重：80kg

性　　别：女

出生日期：1989年2月20日

籍　　贯：吉林双辽

19岁的张杨杨是“四朵金花”中最年轻的选手。如此年轻让她在国家队的很长时间内，一直是作为替补的人选。然而，在比赛前两个月才上这条艇的张杨杨，最终用实力向大家证明：我能行。

能打能说好材料

张杨杨1989年2月2日出生在吉林省四平市，张杨杨的名字，跟父母有关系，她的父亲姓张，妈妈姓杨，所以叫张杨杨。和金紫薇、奚美华一样，张杨杨也是半路出家的。张杨杨的父亲张岭说，张杨杨小时候并没有表现出体育方面的天赋，而她当初更喜欢模特。张杨杨小学三年级的时候，因为身体素质好、身高也高，被吉林省双辽市体校看中练篮球。张杨杨自己还有点不乐意，因为她的梦想是长大了当一名模特，打篮球和这个梦想似乎差距太大了。

2002年，张杨杨刚刚上初一，13岁的她就长到了1.81米。在一次体育课上，她和同学们尽情玩耍，出众的身体素质吸引了四平市业余体校篮球教练马宝成的注意。“当时我就看好她了，她的身体素质非常好，速度也快，我一看这是一个打篮球的好苗子。”马宝成回忆说。与张杨杨的父亲沟通后，张爸爸非常同意自己的姑娘去四平练习篮球。就这样张杨杨开始练习篮球了。现任四平市业余体校校长陈勇胜说：“当时她来了之后，我们还特别给张杨杨进行了骨龄和其他身体测试，结果证明这是一个运动员好料。”

到学校后，张杨杨的特点马上就表现出来：活泼、组织能力强。马宝成对于这个弟子赞赏有加："这绝对不是这孩子夺了冠军我就夸她，这孩子确实不错。"马宝成回忆，那时的张杨杨表现特别好，无论是多大训练，她从来就没有叫过苦。有队友甚至和张杨杨开玩笑："杨杨你怎么不知道累啊！"良好的表现，让张杨杨当上了四平市业余体校的学生会主席。当上学生干部后，张杨杨组织的演讲比赛、知识问答等，都获得了同学们的好评。而在劳动中，身为学生会主席的她常常以身作则，她是最能干的。在篮球场上，张杨杨能里能外，可以打中锋和前锋位置。在和男队的对抗比赛中，身体强壮的她常常让男队员都惧怕。马宝成说："当时比赛啊，杨杨常常是将对手撞开，她的这条件，我认为是能够打出来的。"经过几次比赛之后，吉林省体校篮球队想让她来长春，但教练马宝成已经为她考虑好了另外一条出路——去澳华女篮，因此当时她并没有走成。"我认为这孩子条件不错，去澳华队她直接可以打职业队这是一个很好的出路，说不准还能进国家队。"马宝成说。

半路出家改赛艇

正在这个时候，辽宁省航海运动学校来招运动员，挑中了张杨杨，张杨杨向学校提出能不能去那里。四平市业余体校校长陈勇胜说："尽管非常可惜，可是我们业余体校就是输送人才的，到了辽宁虽然是改项，但那里算是专业队。"就这样同意了张杨杨的要求。就因为这个，张杨杨的教练马宝成还特别生气，专门就此事找过陈校长。开始的时候，张杨杨还有些接受不了，但是和当初逐渐喜欢上篮球一样，她渐渐对赛艇产生了感情，于是便坚持着练了下来。

张杨杨在17岁的时候就获得了全国锦标赛女子单人单桨第三，2007年又在世界赛艇青年锦标赛中取得女子双人双桨冠军。然而这时的张杨杨仍然与四人双桨没有关系。2007年8月慕尼黑赛艇世锦赛上，由中国选手唐宾、奚爱华、金紫薇、冯桂馨组成的女子四人双桨队，为中国赛艇队拿到了首张北京奥运会的入场券。这时我们并没有看到张杨杨的身影。之后，在今年5、6月份的瑞士卢赛恩和德国慕尼黑的两站世界杯上，四个人又获得了第一和第三的好成绩，此时的小将张杨杨与江苏的小将朱韦韦获得了双人双桨的世界杯第二名，但还是没有加入四人双桨的行列。不过，在比赛前两个月，张杨杨凭借强劲的实力，当上了这条船的领桨手，搭上了奥运会的末班车。

教练张蓓说："她的运动幅度大，节奏也好！让张杨杨上场也是这些年来对她考察的结果，她在大赛中已经有了很好的锻炼。"周琦年教练说，磨合和实力都在考验"一个新队员"，"但是我们看到了她身上的潜质，她很有心情，领桨的时候也特别的有节奏，节奏感很好，再就是她的身高优势，划桨幅度大。我们也看到了她们比赛的场面，英国队上面也有一个一米九零左右的运动员，身高高了以后，你的划桨的幅度就大，每次做出的划距就长，这是我们训练的核心问题，她的身高可以把后面的几个高个儿都充分的表现出来。"就这样，19岁的张扬扬，这位注册单位在辽宁的吉林姑娘就成为女子四人双桨艇的领桨手并圆满完成了她的使命，正如张杨杨赛后说："我们用我们最大的努力完成了中国赛艇的梦想。"

性格开朗开心果

生活中的张杨杨，性格活泼，像个开朗的快乐小孩，总是笑呵呵的，见到大哥们在一边休息，她还总是上前拍拍肩膀。有了她，国家队在紧张的训练之余可多了不少的活力。张杨杨还喜欢听歌和跳舞，内部举办什么小晚会的时候，张杨杨总要上台表演，被队友称为队内的“小明星”。张杨杨在队里的外号是最多的，她年龄最小，其中一个外号叫“铁蛋”，问这个铁蛋的外号是怎么得来的，她却不好意思，还威胁队员们“不许说，不许说，谁说我跟谁急。”因为年纪最小，也最受姐姐们的“欺负”，大家都喜欢跟她开玩笑，是大家的开心果。但令张杨杨没想到的是，她的性格对于她参加奥运会，也是起了关键作用的。领队曹景伟赛后称：“关键是杨杨有一个很好的心态，我们在出发之前曾经到牡丹江进行一次调整，我是第一次零距离和我们女孩子在一起唱歌、跳舞，我看，确确实实杨杨有很好的表现力，也很放松，很自然，比赛当中想法往往不是太多。”周琦年总教练也说：“这次在奥运会这个决赛已经充分证明了，这种判断还是正确的。”

爷孙情深阴阳隔

但是，张杨杨获得奥运冠军后，还来不及细细品味奥运夺冠的光荣和欣喜，就陷入爷爷去世的巨大悲痛之中。

张杨杨从小在爷爷奶奶身边长大，她能成为奥运冠军更是与爷爷奶奶的支持密不可分。“从小到大，爷爷奶奶对我特别好，我 16 岁时，爸爸因为一次意外受了伤，当时家里欠了十多万元的外债，生活特别困难，只能靠妈妈干活来维持生活。我当时还在练篮球，是爷爷奶奶供我，给我交伙食费，否则我可能早就不练体育了。”

备战奥运的日子，张杨杨一直没机会回家，奥运会开始后，病重的爷爷也一度以为自己大概等不到孙女回来了，“爷爷走后，姐姐告诉我，奥运会期间，爷爷已经快不行了，但他一直坚持看我的比赛，当时他坐着都很困难，只能躺着看，爷爷家的电视没有奥运频道，只好去邻居家看。”家人还向张杨杨透露了一个细节，在她夺冠后，爷爷特意去了一趟她当年就读的体校，“体校的墙上贴着很多优秀运动员的照片，因为我得了奥运冠军，学校就把我的照片放得最大，挂在中间的位置。爷爷怕再也看不到我了，就去体校看我的照片。从体校出来后他就去了医院，再也没回来。”

在奥运冠军赴港澳访问后回到珠海时，张杨杨接到了家里的电话，电话里父亲声音低沉地告诉她，爷爷快不行了，问她能不能请假回来一趟。从珠海飞到北京，再从北京飞到沈阳，辽宁省航海运动学校的校长提前帮她在沈阳买到了爷爷急需的人血白蛋白，又连夜将她送回老家。

“到四平时已经是3日凌晨了，直接赶到了医院。爷爷得的是食道癌，但看到我时他很清醒，还对我笑了。我当时站在爷爷病床旁，他对我做了个手势，我知道，他是让我把金牌戴上。我按照他说的做了，那一刻爷爷流着泪说：‘盼望已久的时刻终于来了。’家人告诉我，其实爷爷早就不行了，他是一直在等我。”张杨杨低沉地说。“爷爷生病，我没能在他身边，觉得自己特别不孝。”在爷爷临终前的那个夜晚，张杨杨守在病床前照顾爷爷，“我拿毛巾想给爷爷擦脸，爷爷的眼睛一下子就红了，他说，‘你让他们来吧，你的任务都完成了。’我知道，他指的是奥运金牌。他老人家以前就总是说，‘爷爷不要任何东西，只想看到你拿成绩。’”

2008年9月5日上午，因为四平有关领导接见，张杨杨只能暂时离开病房，临走时，她对爷爷说：“我一会儿就回来，你等我啊！”没想到，这竟成了诀别，“爷爷当时答应得好好的，结果参加完活动回来路上车坏了，耽搁了一小时，就在这一个小时里，爷爷走了。爷爷等了我好几天，但最后一小时，他却没等我。”“以前，我跟爷爷唠嗑时说，‘你要活到100岁，等孙女拿成绩了，好跟孙女享福。’如今，我终于有了这样的能力，爷爷却在这个时候走了。”至今张杨杨对此仍然不能释怀，因为她心里一直有一个愿望，就是等到自己出了成绩，一定让爷爷跟着自己好好享享福。

五、团队精神助夺金

中国女子四人双桨金牌组合，四个人，一条心。在赛后的新闻发布会上，从领桨手张杨杨，到这个团队中年龄较大的奚爱华，再到金紫薇和唐宾，在短短十几分钟的发布会上，姑娘们口中不断提到的是“信任”和“队友”。四名年轻姑娘不约而同地赞扬和感谢其他三名队友。“我们只有一个目标，那就是奥运金牌；只有一个信念，就是以我为中心，发挥自己的水平，因为我们是一个不可分割的团队。”“因为我们彼此信任，所以胜利属于我们！”“落后时，我相信她们！”“没有她们三个，就不可能拿到金牌！”“感谢支持我们的人，尤其是我的队友们！”

祝愿她们在赛艇的路上越划越快，越飞越高！